全国高等院校数字化课程规划教材

供临床医学、口腔医学、康复治疗技术、预防医学、中医学等
医学类相关专业使用

医学心理学

主　编　刘大川
副主编　顾红霞　李　赢
编　者　（按姓氏汉语拼音排序）
顾红霞　南阳医学高等专科学校
李　赢　长沙卫生职业学院
李洪华　重庆医药高等专科学校
刘大川　广州卫生职业技术学院
孙雅娜　台州市立医院

科学出版社
北　京

内　容　简　介

本教材是根据2017年临床执业医师《医学心理学》考试大纲编写，各章的目标检测参考了最新的、较权威的执业医师考试辅导资料中具有代表性的习题。为体现工学结合，知行合一，在章节内容的安排上，围绕案例展开知识点，增强了教材的可读性和实用性。本教材的内容分为三个部分：第一部分为医学心理学的基础知识，包括绪论、心理学基础、心理卫生三章；第二部分为医学心理学的常见问题，包括心理应激与心身疾病、医患关系、患者的心理问题三章；第三部分为医学心理学的方法，包括心理评估和心理治疗两章；全书共八章。考虑到高职高专学制仅有三年，本教材根据执业医师考试大纲对教学内容进行精选，删减考试大纲中没有列出的内容，教学时数安排28学时。

本教材可供临床医学、口腔医学、康复治疗技术、预防医学、中医学等医学类相关专业使用。

图书在版编目（CIP）数据

医学心理学／刘大川主编. —北京：科学出版社，2018.5
全国高等院校数字化课程规划教材
ISBN 978-7-03-057060-4
Ⅰ. 医…　Ⅱ. 刘…　Ⅲ. 医学心理学–高等学校–教材　Ⅳ. R395.1
中国版本图书馆CIP数据核字（2018）第056498号

责任编辑：张立丽　董　婕／责任校对：张凤琴
责任印制：赵　博／封面设计：金舵手

科学出版社 出版
北京东黄城根北街16号
邮政编码：100717
http://www.sciencep.com
保定市中画美凯印刷有限公司 印刷
科学出版社发行　各地新华书店经销
*
2018年5月第　一　版　　开本：787×1092　1/16
2018年5月第一次印刷　　印张：8 1/2
字数：202 000
定价：29.80元
（如有印装质量问题，我社负责调换）

前　言

为了贯彻《国家中长期教育改革和发展规划纲要（2010—2020 年）》《高等职业教育创新发展行动计划（2015—2018 年）》等文件精神，落实教育部最新《高等职业学校专业教学标准（试行）》要求的课程建设工作；同时，满足院校不断增长的对教育数字化转型的改革需求，契合高等职业院校优势教学资源共建、共享的发展需要。在科学出版社的组织下，联合了五家单位，其中包括医学院校的医学心理学老师和医院的临床医生共同编写了《医学心理学》教材。本教材遵循职业教育规律和学生身心发展规律，内容上以实用、够用为原则，一方面内容上要尽可能精简，同时要覆盖临床执业医师资格考试大纲的范围；另一方面要通俗易懂，同时要做到科学严谨。在编写中，坚持立德树人，促进全面发展，培养学生以患者为中心，重视对患者人文关怀的热忱之心；着力培养学生的职业道德、职业精神和创新创业能力。在组织教学内容方面，编写组认真研究临床执业医师资格考试大纲和高等职业学校专业教学标准，以职业能力为主线构建课程的知识结构，提升学生职业技能水平，为执业、就业打基础。每个章节有案例导入和案例分析，强调实训实习等教学环节，体现了以工作过程为导向的教学模式，启发学生理论联系实际，努力做到工学结合、知行合一、理论实践一体化。由于高职院校均有大学生心理健康教育课程，为了避免内容重复，对自我意识、心理健康、人际关系等内容做了删减。

参加本教材编写的老师有医学院校的医学心理学教师也有临床医生，均有丰富的教学经验。在编写过程中，本教材内容经过了多次的互审、互校，以保证内容科学、严谨。尽管如此，教材中难免存在不妥之处，我们真诚地希望使用本教材的老师和同学们提出宝贵的意见，以便本教材的不断完善。

本教材在策划、编写的过程中，得到了科学出版社、参编院校领导的指导和帮助，在此致以诚挚的感谢。

刘大川

2018 年 1 月

前言

目　录

CONTENTS

第1章 绪　论

早在2400年以前，古希腊医学家希波克拉底说："了解一个人是什么样的人，比了解一个人得了什么病更重要。"医学从诞生伊始就重视心理与健康的关系。本章主要介绍医学心理学的学科性质、基本观点、发展简史和研究方法。

第1节　医学心理学概述

● 案例 1-1

王某，男，46岁，工程师，因心前区剧烈疼痛就诊。半年前因工作量大，每晚加班时感到全身不适，当时诊断为心功能不全，以后，每逢上楼时就感到胸闷，有压迫感。随后又进行检查，发现频发期前收缩。既往有高血压及高血脂病史。患者30岁时，其父患脑出血死亡。患者从小学习刻苦，上进心强，好强好胜，情绪易激动。近来单位进行职称评定，患者因此比较紧张。患者从上大学后开始吸烟，现在每天一包，经检查发现他患有冠状动脉粥样硬化性心脏病（冠心病），A型行为类型。医生通过心理咨询改变了他对疾病和工作的看法，运用生物反馈技术使他学会在焦虑和激动的情况下放松，并控制吸烟，同时结合药物治疗，取得了较好的治疗效果。

问题：以上案例体现了医学心理学的哪些基本观点？

一　医学心理学的概念与性质

（一）医学心理学的概念

医学心理学是研究心理因素在人体健康和疾病及其相互转化过程中的作用及规律，并利用心理学的理论与方法预防、诊断和治疗疾病的科学。

（二）医学心理学的性质

1. 交叉学科　医学心理学是心理学的分支，与生理心理学、基础心理学、发展心理学、临床心理学等均有交叉；同时，医学心理学与临床各科的疾病、疾病的治疗过程、医学教育等诸多方面都有密切的联系。

2. 边缘学科　医学心理学涉及神经和内分泌系统、组织生理学等自然科学的内容，又涉及心理学、人类学、社会学、教育学和哲学等社会科学的知识，所以医学心理学是自然科学与社会科学相结合的边缘科学。

3. 基础学科　医学心理学是医学的基础课程，医学心理学坚持心身统一的观点，从心理学、社会学的不同视角探究健康与疾病的发生、发展、转归及预后，深化了人们对健康、疾病、治疗、康复规律的认识，为战胜疾病、维护健康提供研究基础和手段，也为整个医学事业的发展提供了辩证的科学思维方法。

4. 应用学科　医学心理学的方法，如心理评估、心理沟通、心理咨询和心理治疗等，已经广泛地应用到临床各科的医疗实践中，可以帮助临床医生和学者全面收集患者的资料，与患者建立良好的关系，处理患者的消极情绪，减轻患者的痛苦，从而最大程度地提高治疗的效果。

医学模式的转化

医学模式是人们对健康和疾病总体的认识和本质的概括，体现了一定时期内医学发展的指导思想，是一种哲学观在医学上的反映。医学模式的发展经历了四个阶段。第一阶段是神灵主义医学模式，起源于原始社会，将疾病看作神灵的惩罚或恶魔作祟所致。人们治疗疾病的手段采取祈祷神灵的保佑或宽恕，或者采取驱鬼或避邪的方式免除疾病。第二阶段是自然哲学医学模式，起源于公元前 3000 年左右，这以朴素的唯物论、整体观和心身一元论为理论基础，以中国古代中医提出的“天人合一”的思想及古希腊希波克拉底等提出的“体液学说”等为代表。第三阶段是生物医学模式，起源于欧洲的文艺复兴时期，以实验生理学、细胞病理学等自然科学为基础，奠定了现代医学的基石。生物医学模式极大地促进了医学的发展，使人们对疾病的认识越来越理性和深刻。但是，这一模式也使心身二元论和机械唯物论的哲学观成为主导，使人们忽视了疾病与健康的相对性及人的生物、心理、社会诸因素间的联系及相互影响。第四阶段是生物-心理-社会医学模式，其标志是 1977 年美国医生恩格尔在《科学》杂志上发表文章《需要新的医学模式——对生物医学模式的挑战》，这一模式并不排斥生物医学的研究，而是要求生物医学以系统论为框架、以身心一元论为基本的指导思想，把人视为一个多层次、完整的连续体，人通过神经系统的调节保持全身各系统、器官、组织、细胞活动的统一；人同时具有生理活动和心理活动，身心是相互联系的；人不仅是自然的人，也是社会的人。社会因素，如文化、职业、经济、宗教、家庭、人际关系等因素对人的身心健康会产生影响。生物-心理-社会医学模式为医学的发展提供了新的指导思想，也是医学心理学发展的重要依据。

案例 1-1 分析　对王某的诊断治疗，涉及了医学和心理学的理论和方法，体现了医学心理学的交叉学科、边缘学科、应用学科及基础学科性质。对王某的治疗取得了良好的治疗效果，体现了生物-心理-社会医学模式在临床实践中的意义。患者的致病因素有遗传、生理始基，也有对疾病的认识、应对方式、行为习惯等心理因素，还有工作压力等社会因素，只有控制了影响疾病的心理社会因素，才能起到标本兼治的效果。

第 2 节　医学心理学的任务与观点

医学心理学的研究任务

医学心理学研究的领域十分宽泛，研究的对象包括患者和医护人员；研究的领域包括致病因素、病理机制和诊疗过程；既研究医学中的心理问题，也研究心理学在医学中的应用，概括来说，医学心理学有五项研究任务：①研究心理社会因素、行为习惯对人体健康的影响机制；②研究在疾病发生及其全过程中，心理、行为因素的影响规律；③研究如何通过调节个体的心理活动、矫正不良行为以调整生理功能，达到保持健康、预防疾病、治疗疾病和促进疾病康复；④研究如何把心理评估、心理咨询、心理治疗等心理学的技术应用于医学临床实践；⑤研究如何提高医护人员的心理品质和职业素养，克服职业倦怠。

二 医学心理学的基本观点

（一）心身统一的观点

完整的个体应包括心、身两个部分，两者相互联系、相互作用。对外界环境的刺激，心、身是作为一个整体来反应的，即心理变化能够引起生理反应，而生理变化也是心理变化的诱因。

（二）社会对个体影响的观点

一个完整的个体不仅是生物的人，而且是社会的人。个体生活在特定的环境和不同层次的人际关系网络中，各种社会环境因素既有纵向的相互作用，又有横向的相互影响。

（三）认知和自我评价作用的观点

外界刺激能否影响健康或导致疾病，还取决于个体对外界刺激怎样认知和评价，认知和评价是导致行为、情绪反应的直接原因，而不良的行为和情绪反应是重要的致病因素。在各种认知方式和评价体系中，自我评价对个体的影响最大。

（四）主动适应与调节的观点

个体在成长发育过程中，逐渐对外界事物形成了一个特定的反应模式，构成了相对稳定的个性特点。这些模式和特点使个体在与周围人和事的交往中，保持着动态平衡。如果个体总是用过去的经验或依靠别人的帮助去应对不断变化的现实环境，则处于消极被动的状态，个体应该更多地发挥自身的主观能动性、创造性地适应环境，才能保持健康。

（五）情绪作用的观点

情绪与健康有着十分密切的关系。良好的情绪是健康的基础，不良的情绪是疾病的原因。《黄帝内经》认为七情可致病，认为“喜怒不节，则伤肝，肝伤则病起”“怒则气上，喜则气缓，悲则气消，恐则气下，惊则气乱，思则气结”。

（六）个性特征与疾病密切相关的观点

个性具有独特性和相对稳定性，所以个性通常会决定一个人对应激事件的反应及应对方式。1991年，我国首届心身疾病研讨会上，专家们一致认为，心身疾病与人格缺陷有关，敏感、固执、多虑、急躁的个体，易患高血压、冠心病、溃疡病和心理障碍。

案例 1-1 分析　王某的疾病与工作压力、职称评定、A型行为类型、对疾病的认知、焦虑情绪密切相关，体现了认知、情绪作用、个性特征与疾病密切相关、社会对个体的影响等医学心理学观点；医生通过改变患者的认知、教会患者控制情绪和改变不良习惯，提高患者的社会适应力，达到治愈躯体疾病的目的，体现了心身统一的观点和主动适应与调节的观点。

第3节 医学心理学的研究方法与发展简史

一 医学心理学的研究方法

（一）观察法

观察法是通过对研究对象的行为活动进行直接观察和记录，从而分析研究两个或多个变量间的关系的研究方法。根据是否预先设置情景，观察法可分为自然观察法与控制观察法；根据观察结构不同，观察法可分为结构式观察法和非结构式观察法。

1. 自然观察法与控制观察法

（1）自然观察法：在自然情境中对个体行为做直接或间接的观察记录和分析，从而解释某种行为变化的规律。如观察身体的姿势、动作、表情等。

（2）控制观察法：又称为实验观察法，指在预先设置的观察情境和条件下进行观察的方法，其结果带有一定的规律性和必然性。

2. 结构式观察法和非结构式观察法

（1）结构式观察法：指有现成的正式记录格式，并已规定研究人员要观察哪些现象和特征，以及用哪种方式进行观察的研究方法。如将住院患者心理状况分为焦虑、抑郁、焦虑抑郁并存三类，观察人员只需将患者的具体心理活动依次归类即可。

（2）非结构式观察法：指没有正式的记录格式，研究人员参与到被观察者的活动中，用现场记录或日志记录法记录观察结果，再加上观察者的解释、分析和综合得出结论的研究方法。

（二）调查法

调查法是通过访谈、会谈、座谈或问卷等形式系统直接地收集资料，并通过对资料的统计分析来认识心理行为现象及其规律的方法。调查法由于方法简便，结果较为科学，具备一定的参考价值。在心理学领域被广泛采用。

1. 问卷法　是研究者将事先设计好的调查问卷，当场或通过函件交由研究对象，由其自行阅读填写要求并填写问卷，然后由研究者回收问卷并对问卷进行整理和分析的研究方法。

2. 访谈法　指通过研究者或经过培训的调查员与研究对象（受试者）面对面会谈了解其心理信息，按同一标准记录研究对象回答问题的内容，同时观察其交谈时的行为反应，以补充和验证所获得信息资料，经分析后得出结果的研究方法。

（三）实验法

实验法是经过设计，在高度控制的情景下，研究者通过操作自变量使其系统改变，观察因变量随自变量变化所受的影响，探究自变量与因变量间的因果关系的研究方法。实验法是目前最为严谨的研究方法，实验法能够完整体现陈述、解释、预测和控制四层次的科学研究目的。

1. 实验室实验法　指在特定的心理实验室里，借助专门仪器设备研究患者心理行为规律的方法。

2. 自然实验法　指将实验法延伸到社会实际生活情境中进行研究的方法。自然实验法是医学心理学常用的研究方法，如研究噪声、光线强度和病房墙面颜色对住院患者心理影响的研究等都需以病房为研究现场开展研究。

3. 模拟实验法　指根据研究需要人为设计某种模拟真实社会情境的实验场所，探求人的心理活动发生和变化规律的研究方法，如模拟医患交流情境，请有关人员扮演患者观察医生的沟通能力。

（四）测验法

测验法也称心理测量法，测验法作为个体心理反应、行为特征等变量的定量评估手段，根据测验结果揭示研究对象的心理活动规律，是心理学收集研究资料的重要方法。测验法需采用标准化、有良好信度和效度的通用量表进行评估，如人格量表、智力量表、行为量表、症状评定量表等。

（五）个案法

个案法是对于单一案例进行广泛深入的研究，可采用观察、访谈、测验、实验等多种方法进行研究。个案法的对象可以是一个个体，也可以是一个家庭、班组、学校和社区，甚至是一个事件或情景。个案研究着重对研究对象本身进行分析及科学的抽象，研究者切忌仅凭个案研究而不适当地推断因果关系或提出概括性的推论。

二 医学心理学的发展简史

（一）国外医学心理学发展的简史

心理学早期属于哲学的范畴，直到1879年，德国学者冯特（W. Wundt），在莱比锡大学创办了世界上第一个心理学实验室，使心理学成为一门独立的实验科学。此后的百余年的时间里，心理学形成了许多心理学流派，派生出一些分支学科，医学心理学就是其中的一个分支。1852年，冯特的学生德国的洛采（B. H. Lotze）提出“医学心理学”的概念。1890年，美国的卡特尔（J.M. Cattell）首先提出了“心理测验”的概念。美国的韦特默（L.Witmer）提出“临床心理学”的概念，并建立了世界上第一个心理诊所，从事儿童心理障碍的治疗。19世纪末20世纪初，奥地利医生弗洛伊德（S.Freud）创立了精神分析理论，采用精神分析疗法治疗疾病。以美国的坎农（W.B. Cannon）和沃尔夫（H. G .Wolff）、加拿大的塞里（H.Selye）等为代表的心理生理学派，研究了情绪的心理生理学、心理应激机制等问题。美国的华生（J. B. Watson）提出了“行为理论”，创立了行为主义心理学派，用实验法研究外显行为。20世纪30年代，美国成立了心身医学会，并创办了《心身医学》杂志，为医学心理学的发展做出了很大的贡献。1976年在美国耶鲁大学举行的行为医学会议上提出了“行为医学”的概念。1978年提出了“健康心理学”的概念。医学心理学的基础研究逐步深入，并形成一定的理论体系，临床心理学在综合医院里的应用也日益广泛。

国外医学心理学的发展不仅从理论上丰富了医学和心理学的基础知识，而且也直接为人类防治疾病做出了贡献。

（二）国内医学心理学发展简况

1917年北京大学建立了我国第一个心理实验室，同年在北京大学哲学系开设了心理学课程。1918年，我国第一部大学心理学课本《心理学大纲》出版。1920年，南京高等师范学校（现东南大学）建立了我国第一个心理学系。1921年，中华心理卫生学会在南京成立。此后，医学院校开设了心理卫生相关课程。1936年，中国心理卫生协会在南京成立，一些医院、学校等设有心理卫生组织，有专职的心理学工作者从事卫生、心理诊断、心理咨询等工作。20世纪50年代中期，医学心理学的教学、临床研究工作同其他心理学研究因故中断，但仍有许多医学心理学工作者以不同方式坚持研究工作。

1979年，卫生部要求有条件的医学院校开设医学心理学课程，北京医学院于1979年春率先组建医学心理学教研室并开始授课。1979年中国心理学会成立了医学心理学专业委员会，从此我国医学心理学的发展走上了正轨。1985年，中国心理卫生协会重新成立，并创办了《中国心理卫生杂志》。1987年，卫生部编《医学心理学》教材，并把医学心理学确定为高等医学院校学生的必修课。1990年，成立中华医学会行为医学分会。1993年，中华医学会心身医学会成立。1993 年创办了《中国临床心理学杂志》，随后《中国健康心理学杂志》《中华行为医学与脑科学杂志》等学术杂志相继问世。目前，全国已有与医学心理学相关的专业刊物近 10 种，标志着国内医学心理学的学科建设和发展进入新的阶段。近些年，我国医学心理学得到不断地发展，科研成果不断增多，科研质量不断提高，我国自行编制了一些心理量表，还修订了一些我国引进的心理测验工具，这些心理测验工具广泛应用于精神科和医院有关科室及心理咨询机构，各种形式的心理咨询、心理治疗等工作普遍开展。在医院，患者心理问题和心理护理逐渐受到重视，国家卫生健康委员会已经将临床心理学科的开设纳入综合医院等级评审标准，许多医院已经成立临床心理门诊，医学心理学工作已经逐渐扩大到基础医学和内科、外科、妇科、儿科各临床学科及老年医学与康复医学领域。2002 年劳动和社会保障部开始试行《心理咨询师职业标准》，明显促进了我国心理卫生工作的开展。

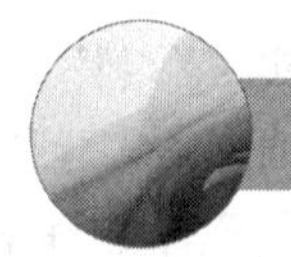

目标检测

选择题

A_1/A_2 型题

1. 关于医学心理学的实验研究方法，其主要特点是
   A. 只在实验室中完成
   B. 只以人为受试对象
   C. 只记录生物学指标
   D. 只在有目的的一定控制条件下进行
   E. 只使用各种现代仪器设备
2. 医学心理学的研究对象为
   A. 心理活动的规律的学科
   B. 人类行为的科学发展
   C. 疾病的发生发展的规律
   D. 影响健康的有关心理问题和行为
   E. 疾病的预防和治疗的原则
3. 目前对学习概念的定义是
   A. 通过学校教育以增加自己的理论、知识、技能的过程
   B. 通过实践以增加自己的工作经验、生活经验和社交经验的过程
   C. 通过观察别人言行而改变自己不良行为、习惯的过程
   D. 通过练习而促使自己行为发生相对持久变化的过程
   E. 通过读书、实践以增加自己适应社会工作、生活能力的过程
4. 关于心身关系，你认为最正确的是
   A. 心身二元论　B. 心身统一论
   C. 神灵支配论　D. 心身还原论
   E. 心身平行论
5. 医学模式是
   A. 某一时期各种医学思想的集中反映
   B. 某一时期各种医学学派的集中反映
   C. 对医学各门类的总称
   D. 对医学知识和技术的总称
   E. 临床疾病的治疗模式
6. 最先提出了“医学心理学”这一术语的学者是
   A. 洛采　B. 弗洛伊德　C. 华生
   D. 塞里　E. 坎农
7. 心理科学诞生的时间是
   A. 1796 年　B. 1879 年　C. 1905 年
   D. 1908 年　E. 1590 年
8. 关于医学心理学，不正确的叙述是
   A. 交叉学科　B. 边缘学科
   C. 思想教育学科　D. 心理学的重要分支
   E. 医学的分支学科
9. 根据是否预先设置情景，观察法可分为自然观察法与
   A. 控制观察法　B. 参与观察法
   C. 结构观察法　D. 情景观察法
   E. 非结构观察法

（刘大川）

第2章　心理学基础

心理学也许是现代生活中人们最广泛涉及的主题，无论生活中的衣食住行，还是工作中的为人处事，都离不开心理学，都需要心理学的知识和帮助。

心理学所涉及的方面渗透于各个领域，例如，人在独处和在群体中的行为为什么不一样？这些心理与行为是怎样随着年龄增长而发展的？在这些心理与行为的发展中环境起什么作用？在医学临床上，也会经常思考："为什么都是发热，而不同的大夫有不同的判断呢？""他的病与他的性格有什么关系吗？"等。总之在人类活动的任何一个领域，都有心理学问题，都需要心理学！那么，什么是心理学？心理学是研究哪些内容的？心理又是怎么产生的呢？

第1节　心理学概述

● 案例 2-1

1920 年印度人辛格在加尔各答附近发现两个狼孩，年龄大的 7 岁，取名为卡玛拉；年龄小的 2 岁，取名为阿玛拉（很快便死亡）。起初，卡玛拉用四肢爬行，双手和膝盖着地歇息，她害怕强光，白天蜷伏在黑暗角落里睡觉，夜间潜行，不穿衣物，不怕冷，不洗澡，用舌头舔饮生水和流汁，只吃扔在地板上的生肉。经过辛格的照料和教育，卡玛拉两年后学会了站立，6 年后学会独立行走。8 岁时只有 6 个月婴儿的智力水平，4 年后学会了 6 个词，7 年后学会了 45 个词，17 岁死去时只相当于 4 岁儿童的智力水平。

问题：上述案例是怎样体现心理实质的含义？案例中体现了人的心理产生的必要条件是什么？

一　心理学的概念

心理学是研究人的心理和行为活动规律的科学。通过这个定义可以明确它的研究内容：首先，心理学要研究人的心理和行为；其次，心理学要研究心理和行为的活动规律。心理活动在行为中产生，又在行为中得到表现和发展。总之，心理学是一门以描述、解释、预测和调控人的行为为目的，通过研究分析人的行为，揭示人的心理活动规律的科学。

二　心理现象的分类

心理学的研究对象是人的心理现象和行为。人的心理现象包括心理过程和人格两个方面。

（一）心理过程

心理过程是指人的心理活动过程，包括人的认知过程、情绪情感过程、意志过程。

认知过程是一个人在认识、反映客观事物时的心理活动过程，包括感觉、知觉、记忆、想象和思维等心理活动。情绪情感过程是一个人在对客观事物的认识过程中表现出来的态度体验。例如，满意、愉快、气愤、悲伤等，它总是和一定的行为表现联系着。人在认识客观事物时，不仅仅是认识它、感受它，同时还要改造它，这是人与动物的本质区别。为了改造客观事物，个体有意识地提出目标、制订计划、选择方式方法、克服困难，以达到预期目的的内在心理活动过程即为意志过程。

（二）人格

前面所述的心理过程是人所共有的，但因人们的先天素质、所处环境、所受教育及所从事的实践活动各不相同，所以心理过程在每个人身上的反映总是有差异的，这就是人格。人格包括人格倾向性和人格心理特征。人格倾向性是指一个人所具有的意识倾向，也就是人对客观事物的稳定的态度。它是人从事活动的基本动力，决定着人的行为的方向，其中主要包括需要、动机、兴趣、理想、信念和世界观。人格心理特征是一个人身上经常表现出来的本质的、稳定的心理特点。每个人在与周围世界打交道的过程中对自己有认识、有体验、有控制，这是人格中的自我意识即自我调控系统，是指人对自身及对自己与客观世界的关系的意识。人格结构的这三部分既是相对独立的，又是相互渗透、相互制约的。

综上所述，可以看出，心理过程与人格心理结构是心理现象的两个大类，它们都是心理学的研究对象，可将其直观地列表如下（图 2-1）。

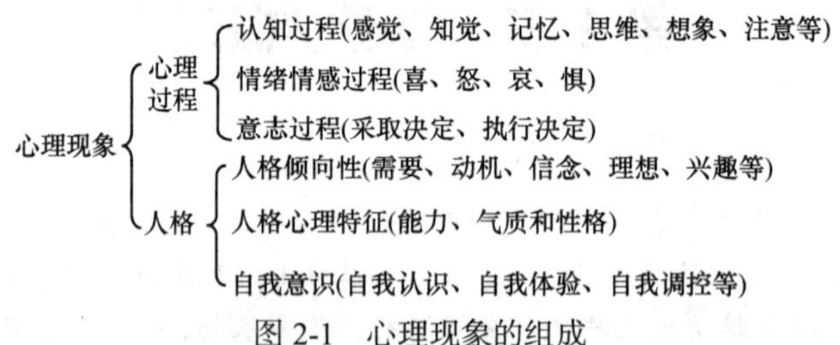

图 2-1　心理现象的组成

三 心理的实质

（一）心理是脑的功能，脑是心理的器官

1. 从种系脑的进化角度　从种系脑的进化与心理发展水平的关系可以看出，种系的脑重指数、皮质指数和新皮质面积比与其心理发展水平有密切关系。研究结果表明，人类的脑重指数明显大于其他动物（表 2-1）。种系的皮质指数对比结果显示，人类新皮质的容积（体积）是其他灵长类动物新皮质容积（体积）的 3.2 倍。研究结果表明，人类的新皮质发展最快，占整个大脑皮质的比例最高（表 2-2）。

表 2-1　常见的几个物种脑重指数比较

物种	脑容积（g）	脑重指数
鼠	2.3	0.40
猫	25.3	1.01

续表

物种	脑容积（g）	脑重指数
罗猴	106.4	2.09
猩猩	440.0	2.48
人	1350.0	6.30

上述研究结果可以说明，不同种系脑的进化不同，其心理发展水平也是不同的。人类脑的进化比其他种系脑的进化都要高，所以人类才体现出“万物之灵”的智慧。

表 2-2　新皮质面积占整个皮质面积比较

物种	新皮质所占比例（%）
兔	56.0
猿猴	85.0
黑猩猩	93.0
人	94.9

2. 从个体脑的成熟角度　个体心理的发展是随着大脑结构和功能的成熟而发展和完善的。刚出生的新生儿脑重约 370g，心理活动的水平非常低，随后中枢神经细胞迅速成熟，脑的重量也明显增加。出生后 6 个月脑重约 700g；1 岁约 900g；12 岁时脑重约 1400g，已接近成人脑重（1500g）。随着年龄的增长，脑的重量便不断增加并渐趋完善，其心理活动也由简单到复杂、由低级向高级发展。这种人脑的逐渐成熟与心理活动逐渐发展和完善的相应关系说明，心理发展依赖于脑的成熟。

3. 从近代生理心理学的研究角度　随着科学技术的发展，许多生理心理学家对脑与心理之间的对应关系进行了大量的研究，发现切除或破坏动物脑的一定部位，相应地会引起动物有关正常行为的丧失。临床诊断也发现，人脑因伤病而遭到破坏时，会导致心理活动全部或部分的失调。如脑卒中引起的瘫痪、失语、记忆丧失等诸多行为障碍，都是因人脑的相关部位受到内积血的损害所致，这些都确切地证明心理活动和脑的活动不可分割，心理是脑的功能。

（二）心理是客观现实的反映，客观现实是心理产生的源泉

所谓心理是脑的功能，并不意味着脑能像肠胃分泌肠液、胃液那样分泌出心理来，人脑只是人的心理产生的物质器官或生物前提，心理的内容必须从外界的客观现实中来，即从客观存在的自然环境与人的社会生活中来。所以说，心理是客观现实的反映。对人来说，客观现实包括自然环境和社会环境。自然环境所包括的日月山川、飞禽走兽等是人的心理的源泉；社会生活条件所包括的城市、乡村、工厂、学校、家庭、风俗习惯、文化传统、人际关系等是人的心理的最重要的、起决定性作用的源泉和内容。

大量实例证明，离开了社会生活条件，就不可能产生正常人的心理。“狼孩”便是一个典型的实例。而且，即使具有了正常心理的成年人，如果长期脱离人的社会生活实践，原有的正常心理也会部分丧失。

案例 2-1 分析　这一事实提示：一个人如果失去了社会生活条件，尽管他有着正常的人脑，也不可能产生正常人的心理。卡玛拉自幼失去了人的社会生活条件，生活在动物的自然环境里，她只能成为生物的个体，而不可能产生人的心理，即使后来给予了她正常的社会生活条件及多年的教育和训练，也难以使其达到正常人的心理发展水平。

（三）心理是人对客观现实的主观的、能动的反映

人的心理按其内容和源泉及其发生方式来说，是客观的，但就产生心理的人这一主体来说，任何心理都属于一定主体并产生于具体人的脑中，是不可替代的，由于每个人的知识经验、生活经历、世界观、需要、态度及个性特征及当时的心理状态不同，就必然使人的心理活动带有鲜明的个人色彩，表现出对客观事物反映的主观性。因而，不同的人对同一个事物的反映不同。因此，人的心理是对客观现实的主观反映。

人对客观现实的反映，并不是机械的、刻板的、照镜子式的；更不是对客观现实的简单复制，而是通过人和客观现实的相互作用，对客观现实进行积极的、能动的反映；人不仅可以反映客观现实的表面现象和外部联系，而且可以反映客观现实的本质和规律，从而有目的、有计划地改造客观现实。

因此，人的心理活动不仅具有客观性，而且具有主观性和能动性，是对客观现实的主观的、能动的反映。

（四）心理是在实践活动中发生发展的

脑是心理的器官，客观现实是心理的源泉。但脑和现实都不能单独地产生心理。心理的产生，还必须依靠人的生活实践。

人的心理随着实践的发展而发展。因为客观事物是不断发展的，人们适应并改造客观事物的实践活动也随着发展，在实践中产生的人的心理也必然随着实践的发展而发展。

实践活动是外部世界与主观心理相结合的桥梁。因为只有通过实践，才能让客观作用于主观，使外界事物变成人反映的直接对象；也只有通过实践，才能使主观见之于客观，使人在改造外界事物的过程中更深入地反映客观现实，从而达到主客观的和谐统一。因此，人的心理是在实践活动中发生的。

案例 2-1 分析 人的心理现象，无论是简单的，还是复杂的；无论是离奇的幻想，还是虚无缥缈的神话故事，其内容材料都来自于客观现实。正是由于客观现实中复杂的事物作用于人脑，人才能产生感觉、知觉、记忆、思维、想象、情感、意志等心理过程和人格心理。所以，客观现实是人的心理活动的内容和源泉。

第2节 认知过程

案例 2-2

美国的鲍勃，先天性白内障患者，51 岁手术，手术后视力恢复。后来，他在谈到恢复视力后的经历时说：“我从来没有想到黄色竟是如此的黄！黄色太让我感到惊讶了，难以形容。红色是我最喜欢的颜色。但是，我难以相信这就是红色。我看见一些蜜蜂觉得美极了，看见一片凋零的叶子也难以忘怀。世界上的一切对我都是那么美！你们能理解吗？”

问题：鲍勃视力恢复后的感受说明了什么？

认知过程是人们对客观事物的察觉和认识的过程，包括感觉、知觉、记忆、思维、想象等心理活动。

感觉

（一）感觉的概念和意义

1. 概念　感觉是人脑对直接作用于感觉器官的客观事物的个别属性的反映。

2. 意义

第一，感觉提供了内外环境的信息，是人认识客观世界的开端，是一切知识的源泉。一切高级的、复杂的心理活动都是在感觉的基础上产生的。

案例 2-2 分析　鲍勃的话提示：没有感觉，就无法真实地感知这个世界。人对客观世界的认识是从感觉开始的，人的一切有意义的活动都是从感觉开始的。感觉是一切知识的源泉。

第二，感觉保证了机体与环境的信息平衡，获得各种感觉体验，是维持人正常心理活动的必要条件。

人要正常地生活，必须和环境保持平衡，其中包括信息的平衡。加拿大心理学家贝克和荣赫对人进行的感觉“剥夺”实验研究证实，机体与环境的信息平衡是维持人正常心理活动的必要条件。

第三，感觉可以从现实中获得可靠的信息，有利于个体生存。例如，对危险的声音警示，使人们意识到危险从而躲避伤害。

链接

“感觉剥夺”实验

1954 年，加拿大麦克吉尔大学的心理学家贝克和荣赫首先进行了“感觉剥夺”实验：实验中给受试者戴上半透明的护目镜，使其难以产生视觉；用空气调节器发出的单调声音限制其听觉；手臂戴上纸筒套袖和手套，腿脚用夹板固定，限制其触觉。受试者单独待在实验室里，试验开始，受试者还能安静地睡着；但稍后，受试者开始失眠、不耐烦，急切地寻找刺激，他们唱歌、吹口哨、自言自语、用两支手套相互敲打或用它去探索这间小屋，几个小时后开始感到恐慌。试验中受试者每天可得 20 美元报酬。但即使这样，也难以让他们在实验室中按实验要求坚持 2～3 天以上。那些在实验室连续待了三四天的受试者会出现错觉、幻觉、注意力涣散、思维迟钝、紧张、焦虑、恐惧等病理心理现象，经过一段时间的正常生活以后才能得到恢复。该实验说明，来自外界的刺激对维持人的正常生存是十分重要的。

（二）感觉的种类

根据刺激来自机体外部还是内部，将其分为外部感觉和内部感觉两大类。

1. 外部感觉　接受来自机体外部的刺激，反映外界事物的个别属性，包括视觉、听觉、嗅觉、味觉、肤觉（包括触觉、温度觉和痛觉）。

2. 内部感觉　接受来自机体内部的刺激，反映身体的位置、运动和内脏器官的不同状态，包括运动觉、平衡觉、内脏感觉（包括饿、渴、便意、性等感觉）。

（三）感受性及其变化的基本规律

1. 感受性和感觉阈限　感觉是由刺激物直接作用于某种感觉器官引起的。但是，不是所有刺激物都能引起感觉，人的感觉器官只对一定范围内的适宜刺激做出反应，这个刺激范围及相应的感觉能力，分别称为感觉阈限和感受性。心理学用感觉阈限来度量感觉能力，阈限值越低，感受性就越高；阈限值越高，感受性就越低，二者在数值上成反比关系。

2. 感觉的适应　指刺激物持续作用于同一感觉器官所引起的感受性改变的现象。感觉适应的结果可以是感受性提高或降低。例如，由阳光照射的室外走进电影院，起初什么也看不见，等一会就能看清一些东西，这是暗适应，视觉器官的感受性提高了；由黑暗的地方走到明亮的地方，起初看不清东西，等一会就能看清了，这是明适应，是视觉器官的感受性降低的结果。不同感觉器官，其适应的能力不同。听觉、痛觉的适应不明显，触压觉、嗅觉的适应迅速明显，“入芝兰之室，久而不闻其香”就是这个道理。

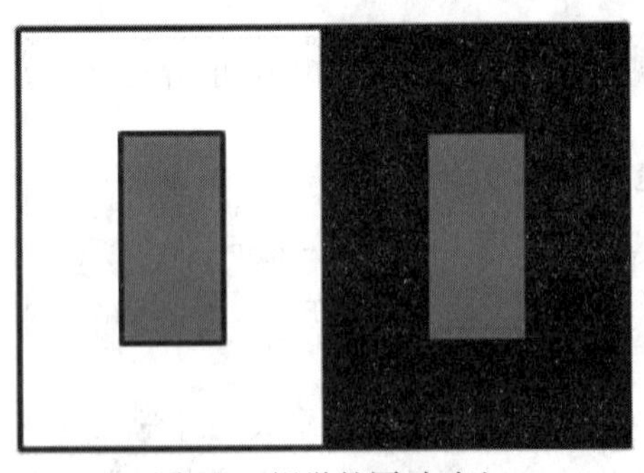

图 2-2　视觉的同时对比

3. 感觉对比　指同一感觉器官在不同刺激物的作用下，感觉到的强度和性质上发生变化的现象。感觉的对比可分为同时对比和继时对比。例如，把一个灰色小方块纸放在黑色的背景上看起来灰色显得亮些，放在白色背景上则显得暗些，这是视觉的同时对比（图 2-2）；吃完糖后，再吃苹果会感到苹果酸，这是味觉的继时对比。

4. 感觉的相互作用　指一种感觉在其他感觉的影响下，感受性发生变化的现象。例如，音乐疗法就是用和谐优美的音乐来分散患者的注意力，使患者痛觉感受性下降。

5. 感觉的发展和补偿　人的感受性不仅可以在一定条件下发生暂时性的变化，而且可以通过实践活动和训练得到充分的提高和发展。职业训练可以使人的某种感受性明显高于一般人，如医生有通过听诊器分辨患者心音、呼吸音的变化来判断患者的病情的能力。人的某种感觉能力缺失后，其他感觉能力会突出发展，弥补感觉缺陷，凭着感觉的相互补偿，获得生活和学习的能力。

图 2-3　视觉负后像

6. 后像　刺激物对感受器的作用停止以后，感觉现象并不立即消失，它能保留短暂的时间，这种现象叫后像。后像有正后像和负后像。正后像与刺激的性质相似，如“余音绕梁，三日不绝”，负后像是指后像与刺激的性质相反（图 2-3），注视黑色灯泡 30 秒以上，然后看白色背景，会看到黑色灯泡周围的背景更亮了，这是负后像。

二 知觉

（一）知觉的概念

知觉是大脑对直接作用于感觉器官的客观事物整体属性的反映。

知觉可以分成三个阶段：感觉阶段、知觉组织阶段及辨认和识别客体阶段。例如，一朵鲜花具有多方面属性，人们用眼睛看到它的颜色、用手触摸它的质感、用鼻子嗅到它的芳香，然后把这些个别属性综合组织起来，在头脑中形成一朵鲜花的整体形象，并且把它同其他事物区别开来。

（二）知觉的种类

根据知觉时起主导作用的感觉器官的特性，可以把知觉分为视知觉、听知觉、嗅知觉、味知觉、触知觉等。根据知觉所反映的事物的特性，可以把知觉分为空间知觉、时间知觉和运动知觉。

1. 空间知觉　指对物体的形状、大小、距离和方位等空间特性的反映。

2. 时间知觉　指对客观事物的延续性和顺序性的反映。时间知觉的线索包括自然界中的周期现象、人体生理心理活动的节律性变化。

3. 运动知觉　指人脑对物体空间位移和移动速度的知觉。

（三）知觉的基本特征

1. 知觉的选择性　人们在知觉客观世界时，总是有选择地把少数事物作为知觉的对象，而把其他事物当成知觉的背景。选择的对象不同，知觉的内容就不一样。如图 2-4 既可以看成黑色背景上的白色花瓶，也可以知觉为白色背景上的两个黑色侧面头像。

图 2-4　知觉的选择性

知觉选择的对象与主观因素和客观刺激的特点有关。人们容易选择那些与个人的需要、情绪、知识经验等相关的事物作为知觉的对象；另外，当客观刺激物强度较大、对比明显、运动变化及空间位置接近等具有吸引力的事物也易成为知觉的对象。

2. 知觉的整体性　知觉的对象由许多部分组成，各部分具有不同的特征，但人们并不把对象感知为许多孤立的部分，而是反映事物的整体和关系，把它感知为一个统一的整体（图 2-5）。

知觉的整体性对于人们认知客观世界具有重要意义，它是人们对外界事物形成印象的根本保证，大脑在对来自各器官的信息进行加工时，就会利用已有经验对缺失部分加以整合补充，使人们对客观事物的反映更趋于全面、完善。

3. 知觉的理解性　人们在感知当前事物时，总是根据以往的经验来解释它，使其具有一定的意义，并用词把它标志出来（图 2-6）。

图 2-5　知觉的整体性

图 2-6　知觉的理解性

知觉的理解性与人们的知识经验密切相关。人们的知识经验越丰富，对事物的知觉就越深刻、越精确、越迅速。例如，一名经验丰富的医生可以迅速、准确地做出诊断，并制订出正确的治疗方案。

4. 知觉的恒常性　是指当知觉的客观条件在一定范围内发生变化时，知觉的映像仍能保持相对不变（图 2-7）。

知觉的恒常性普遍存在于各种感觉中，其中在视知觉中表现得最为明显。当人们观察同一物体时，知觉并不完全随观察条件（距离、角度、明度等）的改变而改变，而是表现出大小恒常性、亮度恒常性和颜色恒常性等。

图 2-7　知觉的恒常性

知觉的恒常性有助于人们在不同条件下能按照事物的实际面貌反映客观事物，保持相对稳定的知觉，适应瞬息万变的世界。

（四）知觉障碍

知觉映像在一定范围内保持恒定，它倾向于反映事物的真实状态和属性。但是，有时候人们也会产生各种各样的异常知觉，即知觉障碍。知觉障碍大体分为错觉、幻觉和感知综合障碍。

1. 错觉　是在特定条件下对客观事物所产生的某种固有倾向的歪曲知觉，如“杯弓蛇影”。错觉是一种特殊的感知觉。有时会给社会生活带来麻烦，但人们也可掌握错觉发生的规律，运用错觉为社会服务。

错觉有许多种，可以发生在各种感知觉中。根据主客观条件的变化分为视错觉、形重错觉、时间错觉、运动错觉、对比错觉、似动错觉等（图 2-8、图 2-9）。

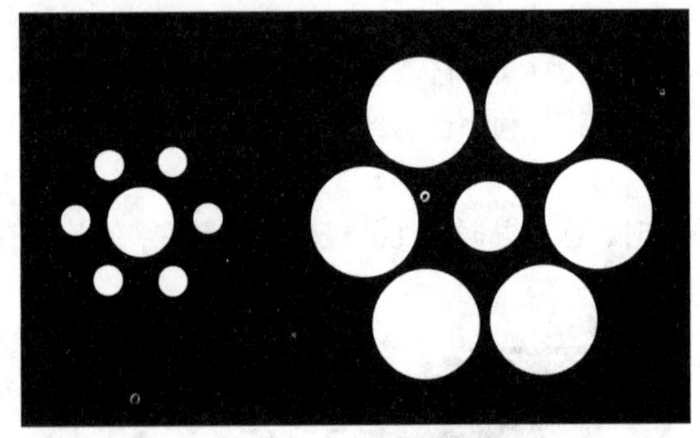

图 2-8　对比错觉

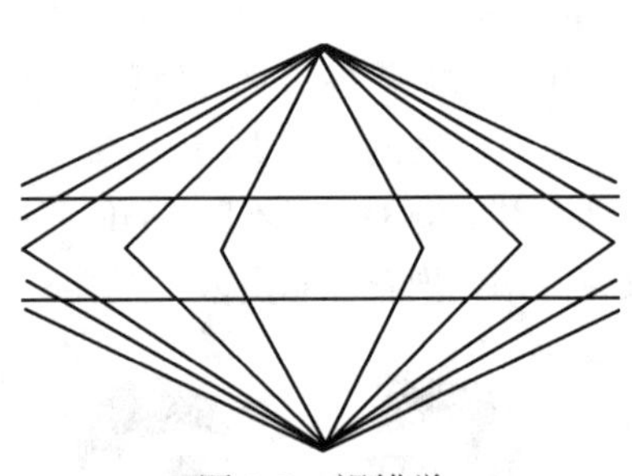

图 2-9　视错觉

2. 幻觉　是在没有外界任何刺激作用的情况下感觉器官出现的一种虚幻的知觉。“无中生有”就是一种幻觉。幻觉是一种虚幻的、不正常的感知觉，无利用价值。通常将幻觉分为幻视、幻听、幻嗅、幻触等。

3. 感知综合障碍　是在感知某一事物时，对事物的整体认识正确，但对其某些属性（如形状、大小、距离、时间等）产生与实际情况不符合的感知。多见于颞叶癫痫或脑瘤、脑炎等脑器质性精神障碍、抑郁症、精神分裂症。常见的症状：视物变形症、空间知觉障碍、非真实感和体形障碍。

三　记忆

（一）概念

记忆是过去的经验在人脑中的反映。凡是人们感知过的事物、思考过的问题、体验过的情感、从事过的活动等，都可以以映像的方式保留在人的头脑中，在必要的时候又可以把它重现出来，这个过程就是记忆。

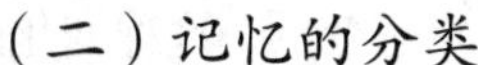

（二）记忆的分类

根据记忆内容分为形象记忆、词语-逻辑记忆、情绪记忆和运动记忆；根据记忆内容是否能被清晰地意识到分为外显记忆和内隐记忆。按照现代信息加工的观点，记忆是一个结构性的信息加工系统。记忆结构由三个不同的子系统构成。

1. 感觉记忆　也称瞬时记忆，每一种感觉记忆都会将感觉刺激的物理特征的精确表征保持几秒或更短的时间，如刚听到的音乐的旋律。其特点是信息量大、保持时间短（视觉 0.25 秒，声音 2～4 秒）、形象鲜明但容易消失，受到注意后转入短时记忆。

2. 短时记忆　指在感觉记忆的基础上，信息在头脑中保持 1 分钟左右，如按电话号码簿上的号码立刻拨号后，很快就忘了这个号码就是短时记忆。其特点是信息容量有限，易受干扰，可被意识到，经过复习后可以转入长时记忆。

3. 长时记忆　指信息储存在 1 分钟以上的记忆。长时记忆的特点是信息保持的时间长，信息的存储量大。

感觉记忆、短时记忆和长时记忆系统虽然在信息的保持时间和容量方面存在差别，处在记忆系统的不同加工阶段，但相互之间有着十分密切的联系。如图 2-10 所示，信息首先进入感觉记忆，那些引起个体注意的感觉信息才会进入短时记忆，在短时记忆中存储的信息经过加工再存储到长时记忆中，而这些保存在长时记忆中的信息在需要时又会被提取到短时记忆中。

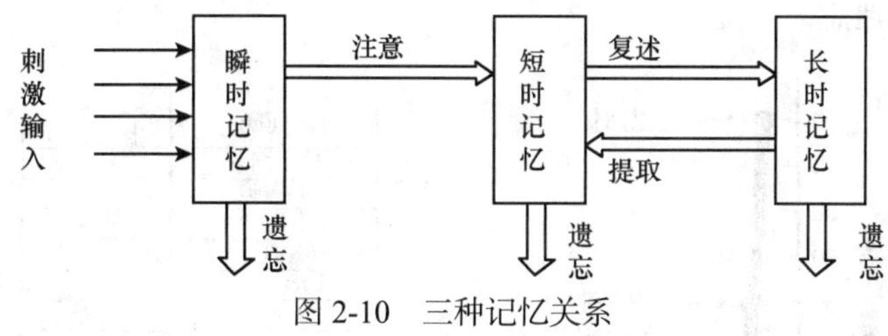

图 2-10　三种记忆关系

（三）记忆的基本过程

记忆的基本过程包括信息编码、储存、提取。古希腊哲学家柏拉图曾经有一个形象的比喻：获得一个新的记忆，就像鸟舍里新增加了一只鸟，回忆就像从鸟舍里捉出这只鸟进行检查一样。

1. 识记　就是识别并且记住事物。从信息加工的观点来看，识记是信息输入和编码的过程。识记是记忆活动的开端，是其他环节的前提和基础。

根据识记时的目的性和意志努力程度的不同可划分为两种类型。无意识记是指事先没有预定目的，也不需要意志努力的识记，又称不随意识记。例如，读过某部有趣的小说，虽然当初没有想记住的意图，但许多东西却被记住了，这就是无意识记。有意识记是指有预定目的，并经过一定意志努力的识记，又称随意识记。例如，科学定义、概念、公式、定理的记忆不仅需要有明确的目的，而且需要一定的意志努力才能记住，这就是有意识记。

根据识记的材料有无意义或者学习者是否了解其意义分为两种类型。机械识记是根据事物的外部联系，依靠简单重复而进行的识记。意义识记是指在对材料理解的基础上，根据材料的内在联系，并运用已有的知识经验而进行的识记。

从记忆的总体效果上看，有意识记的效果优于无意识记，意义识记的效果优于机械识记，但它们并非相互排斥和绝对对立，而是相互依存和相互补充的。

2. 保持　是将识记获得的知识、经验和技能在头脑中储存、巩固的过程。它是记忆的第二环节，是实现回忆的必要前提。

保持是一个动态的过程。识记过的材料在头脑中的保持并不是固定不变的，这种变化既体现在数量上，又表现在质量上。在量的方面，保持量一般随时间推移而下降。在质的方面，则可能有以下几种变化：第一，内容简略和概括，不重要的细节趋于消失；第二，内容变得更加完整，更加合理并更有意义；第三，内容变得更具体，或者更为夸张与突出。

3. 提取　是指从记忆中查找已有信息的过程。提取的效果有再认或回忆。

再认和回忆是提取信息的基本形式。识记的信息再次出现时能把它认出来，称再认；过去经历过的，现在不在眼前的事物能在头脑中重现称回忆。回忆的记忆效果优于再认，凡能回忆的一定能再认，再认的不一定能回忆。

（四）遗忘及其规律

1. 遗忘　是指对识记的材料不能再现或错误的再现。

2. 遗忘的规律　遗忘是与保持相反的过程。德国心理学家艾宾浩斯（Hermann Ebbinghaus，1850—1909）首先对遗忘的规律进行研究，为了使学习和记忆尽量避免受旧经验的影响，他用无意义音节作为记忆的材料，把识记材料学到恰能背诵的程度，经过一定时间间隔再重新学习，以重学时节省的诵读时间或次数作为记忆的指标，用取得的数据描绘成曲线，称为艾宾浩斯遗忘曲线（图 2-11）。从曲线图中可以看出，遗忘的进程是不均匀的，先快后慢，在识记后的短时间内，遗忘的发展速度较快，后来逐渐变慢，到了相当的时间就几乎不再有更多的遗忘。

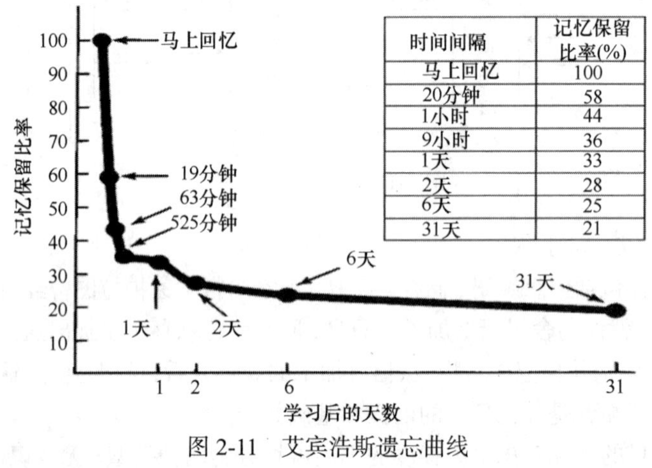

时间间隔	记忆保留比率(%)
马上回忆	100
20分钟	58
1小时	44
9小时	36
1天	33
2天	28
6天	25
31天	21

图 2-11　艾宾浩斯遗忘曲线

3. 遗忘原因假说

（1）干扰说：学习前后的事件相互干扰而影响记忆。心理学上称为前摄抑制（先学的经验影响新的学习）及倒摄抑制（新学的内容干扰先前的经验）。研究表明，前后学习内容越相似则干扰越严重。

（2）衰减（消退）说：短时记忆、感觉记忆的遗忘多属这类。

（3）压抑说：弗洛伊德提出记忆是永恒的，所有遗忘都是动机性的。压抑是一种潜意识的防御机制，用来阻止不愉快的记忆进入意识领域。

（4）线索依赖性遗忘：记忆有时需要依赖线索的提示。老年记忆障碍中常会发生“提笔忘字”或“话到嘴边说不出来”，但如有适当的线索提示就可回忆。

四 思维

人不仅能认识事物和现象的外部联系，而且能认识事物和现象的内部联系和规律，思维就是这样一种高级的认知活动。

（一）思维的概念

思维是人脑对客观事物间接的和概括的反映。它是认识的高级形式，能揭示事物的本质和内在规律。

（二）思维的基本特征

1. 间接性　是指人们借助于一定的媒介和一定的知识经验对客观事物进行间接的认识。例如，人们对某种疾病原因的推测，并用一定的方法间接地证实这样的推测。

2. 概括性　在大量的感性材料的基础上，把一类事物的共同特征和规律抽取出来加以概括，形成概念，加深人们对事物的了解。例如，医生针对某种疾病所制订的诊断标准。

（三）思维的种类

思维可以从不同的角度进行分类。

1. 根据任务的性质、内容和解决问题的方法分类

（1）动作思维：是一种具有直观性的思维形式，解决问题的方式依赖于实际动作的思维形式。

（2）形象思维：是指主要利用头脑中的具体形象（表象）来解决问题的思维形式。例如，解剖考试时常通过回忆解剖图谱来回答具体问题。

（3）抽象思维：又称逻辑思维，是以概念、判断、推理的形式解决问题进行的思维，以分析、综合、比较、抽象、概括和具体化为思维的基本过程，旨在揭露事物的本质特征和规律性联系的思维活动。抽象思维为人类所特有，是人类思维的典型形式和个体思维发展的最高阶段。

2. 根据探索答案的方向分类

（1）辐合思维：又称求同思维，指人们利用已知的信息，利用熟悉的逻辑规则解决问题。这种思维利用已有的知识经验或传统方法解决问题，但形成习惯会妨碍思维问题的灵活性。

（2）发散思维：又称求异思维，是人们沿着不同的方向思考，重新组织当前的信息和记忆系统中存储的信息，产生出大量的独特的新思想。这是一种不循常规，寻求变异的思维方式，与辐合思维相比具有更大变通性、流畅性和独特性的特点。

3. 根据思维中的主动性和创造性程度分类

（1）习惯性思维：用惯常的、过去曾采用过的方法去解决问题的思维。是一种定势思维方式，缺乏主动性、独创性、新颖性。

（2）创造性思维：用独创新颖的方法来解决问题的思维。它是一种具有想象性、开创性的思维方式。科学家的一切发明创造都是创造性思维的结果。

（四）解决问题的思维过程

问题解决是由一定情景引起，按照一定的目标，应用各种认知活动、技能等，经过一系列心理活动阶段，使问题得以解决的过程。

1. 问题解决的心理过程　从逻辑分析来看，问题解决包括一系列相互联系的阶段，分为发现问题、分析问题、提出假设和验证假设四个阶段。

发现问题是认识问题的存在，产生解决问题的需要与动机，是问题解决的起点和动力。发现问题阶段的主要任务是找出问题的本质、抓住问题的核心。分析问题是分析问题的要求与条

件，找出它们之间的联系与关系，抓住问题的实质，确定问题解决的方向。提出假设是提出问题解决的方案、策略，根据一定的法则、方法和途径去解决问题，这个阶段是具有创造性的阶段，也是解决问题的关键。验证假设是通过一定的方法确定所提出的问题是否符合实际、符合原理。

2. 影响问题解决的心理因素

（1）定势：是指重复先前的心理操作所引起的对活动的准备状态，使人以特定的方式进行认识或行为，或在解决问题时具有一定的倾向性。一般在相似情境中，定势有助于问题解决，但在变化的情况下可能不利于解决问题。

（2）情绪与动机状态：紧张、惶恐、烦躁、压抑等消极情绪会阻碍问题解决的速度，而乐观平静的积极情绪将有助于问题的解决；当问题解决或取得重大突破时，会产生巨大的喜悦和自豪感，这种积极的情感有助于人们提出新的、更复杂的任务。

（3）功能固着：人们习惯把某种功能赋予某种物体的倾向，称为功能固着，如认为盒子是装东西的，笔是用来写字的。功能固着不利于灵活、变通地解决问题。

（4）人格：影响解决问题的效率。人格中能力因素对解决问题有重要影响。另外，自信心、灵活性、创造精神、毅力都会影响问题解决。

（5）策略：在解决问题的过程中，主要有算法和启发法两个策略。算法策略是把解决问题的方法一一进行尝试，找出解决问题的方案；而启发法是个体根据一定的经验，在问题空间内进行较少的搜索，以达到问题解决的一种方法。

（6）知觉情境：指被直接感知到的事物的空间组织形式产生的情境，对解决问题通常产生重要的影响。

第3节　情绪过程

情绪和情感是人类心理生活的一个重要方面，它伴随着认知过程而产生并对认知过程产生重大的影响，是人对客观现实的一种独特的反映形式。

一　情绪和情感的概述

（一）概念

情绪和情感是人对客观事物是否符合自身的需要而产生的态度体验。在把握这一概念时应该注意下述三点。

1. 客观事物是产生情绪、情感的来源。任何情绪、情感都不是自发的，而是由某种事物引起的。引起情绪、情感的客观事物包括发生在主体周围的人及事，也包括主体自身的生理状态等。

2. 情绪和情感是一种具有主观体验色彩的心理反应，有其独特的外部表现形式和内在的生理基础。人的情绪和情感并不直接决定于客观的对象或现象，而是决定于人对环境事件的解释和评估。对同一对象或现象的解释和评估不同，就会产生不同的情绪和情感。

3. 需要是情绪和情感产生的基础，情绪和情感与需要密切联系。凡是符合人的愿望的事物，就会引起积极、肯定的体验，如喜悦、快乐、热爱等；反之就会引起消极的体验，如愤怒、悲伤、憎恨等；中性刺激物一般不引起情绪和情感。

（二）情绪与情感的区别与联系

在日常生活中，情绪和情感是同义词，一般不做区分。在心理学研究中，情绪和情感都是对客观事物是否满足需要的态度体验，两者之间既有区别，又有联系。

1. 情绪和情感的区别

（1）从需要的角度看：情绪是与机体的生理需要相联系的，如人们对水、空气、运动等需要所产生的是较低级的、简单的体验；而情感是与人们的社会性需要相联系的，如道德感、理智感等所引起的是高级、复杂的体验。

（2）从发生的角度看：情绪是人和动物均具备的，它带有本能的特点，如婴儿无须学习就会对巨大的声响表现出恐惧；但情感则是人类独有的心理现象，是个体在社会生活中逐渐发展起来的。

（3）从反映的角度看：情绪带有情境性、短暂性和不稳定性的特点，它通常随着情境的改变而改变；而情感则具有较大的稳定性、深刻性和持久性，是人对事物稳定态度的反映。

（4）从外部表现看：情绪较为强烈，冲动性较大，具有明显的外部表现；而情感一般较微弱，较少冲动，外部表现不明显。

2. 情绪和情感的联系　情绪和情感虽有区别，但它们又是同一类心理过程，因而存在着密切的联系。一方面，情感离不开情绪，稳定的情感是在情绪的基础上形成的，情绪是情感的外在表现，离开情绪的情感是不存在的。另一方面，情绪也离不开情感，情绪的变化受情感的制约，情绪变化常反映内在的情感，在情绪发生的过程中常深含着情感，情感是情绪的本质内容。

（三）情绪和情感的分类

1. 情绪的分类

（1）基本情绪：人类的基本情绪有快乐、悲哀、愤怒、恐惧四种，在此基础上可以派生出许多复杂的复合情绪。

（2）情绪状态：人类的四种基本情绪和派生出的许多复杂的复合情绪在现实中根据情绪发生的强度和持续时间的长短，可分为心境、激情、应激三种情绪状态。

1）心境是指人比较平静、微弱而持久的情绪状态，心境具有弥散性，是以同样的态度体验对待一切事物，如“人逢喜事精神爽”指的就是心境。心境的持续时间有很大差别，可能持续几小时、几周、几个月甚至更长的时间。

2）激情是一种强烈的、爆发性的、为时短暂的情绪状态，通常伴随着生理变化和明显的外部行为表现。常会有认识范围缩小，自我控制的能力减弱，进而使人的行为失去控制，并且意识不到行为的后果。然而激情并不总是消极的，激情也是激励人上进的强大动力，如文艺创作等活动过程中，创作的激情就是非常重要的。

3）应激是当人遇到某种意外危险或面临某种突然事变时，必须集中自己的智慧和经验，动员自己的全部力量，迅速做出选择，采取有效行动，此时人的身心处于高度紧张状态，即为应激状态。

在应激状态中，人可能有两种行为反应，一种是行为紊乱，不能准确地采取符合当时目的的行动。另一种是虽然身心紧张，但精力旺盛，思维敏捷，活动量增加，因而能更好地利用过去的经验和生理激活状态，急中生智，摆脱困难，化险为夷。

2. 社会情感

（1）道德感：是根据一定的道德标准在评价人的思想、意图和行为时所产生的主观体验。道德属于社会历史范畴，不同时代、民族、阶级有着不同的道德评价标准。如果一个人的言行符合这一标准，就会产生幸福感、自豪感和欣慰感，人们会对他产生爱慕、崇敬、尊重、钦佩等情感；否则，就会感到不安、自责、内疚等，人们就会对他产生厌恶、反感、鄙视、憎恨等情感。

（2）理智感：是在智力活动过程中，在认识和评价事物时所产生的情感体验。例如，人们在解决问题过程中出现的迟疑、惊讶及问题解决后的喜悦，由于违背和歪曲了事实真相而感到羞愧等，都属于理智感。

（3）美感：是根据一定的审美标准评价事物时所产生的情感体验。美感是由现实生活中美的客观事物所引起的，美感包括自然美感、社会美感、艺术美感。

二 情绪的表现

情绪的表现方式多种多样，基本可以概括为外部表现和内部表现两种。

（一）外部表现

外部表现主要有面部表情、姿态表情和言语表情三种。

1. 面部表情　是指通过眼部肌肉、颜面肌肉和口部肌肉的变化来表现各种情绪状态。

2. 姿态表情　可分成身体表情和手势表情两种。身段表情是由人的身体姿态、动作变化来表达情绪。

3. 言语表情　也是表达情绪的重要形式，是通过声调、节奏变化来表达情绪，如朗朗笑声表达了愉快的情绪，而呻吟声表达了痛苦的情绪。

面部表情、姿态表情和言语表情等，构成了人类的非言语交往形式，心理学家和语言学家称之为“体语”。在许多场合下，人们无须使用语言，只要看看脸色、手势、动作，听听语调，就能知道对方的意图和情绪。

（二）内部表现

内部表现主要通过呼吸、血压、心率和脑电波等来体现。

1. 呼吸　主要是通过频率、深度和呼气与吸气的时间比率来体现。平静时人的正常呼吸频率约 20 次/分，高兴时会减少，悲伤时会减到 10 次/分以下，愤怒时会急剧上升，恐惧时可以高达 60 次/分以上，突然受惊时呼吸会临时中断，狂喜或悲痛时，会有呼吸痉挛。笑时呼长吸短，惊时吸多呼少。

2. 血液循环　表现为三种主要指标：血压、心率和血管容积。人在情绪激动的时候，脸会涨红，是血液循环加快的反应。在吃惊和恐惧的情况下，心率比平静的时候会增加 20 次，血压也会升高，血管容积则会降低。

3. 皮肤电反应　是皮肤电阻的变化，皮肤的导电性会随着情绪的变化而发生变化，这种变化主要是因为皮肤血管的收缩和汗腺的分泌造成的，皮肤电反应是反映情绪变化的客观指标之一。人在等待重大事件发生前，皮肤电阻会下降，而过度疲劳时，皮肤电阻会上升。

4. 其他反应　有脑电波、内外分泌腺的分泌等，在不同的情绪状态下，人们会呈现不同频率和波幅的脑电波，在不同的情绪状态下，内外分泌腺也会呈现不同的分泌变化。

情绪理论

（一）坎农-巴德的情绪学说

美国生理学家坎农（W.B.Cannon）及其弟子巴德（P. Bard）提出了情绪的丘脑说。坎农认为，丘脑是情绪发生的中枢，刺激引起的感觉信息传到皮质，唤醒丘脑情绪中枢，导致特定模式的情绪产生。另一方面丘脑同时向大脑皮质和身体的其他部分输送冲动，神经冲动向上传至大脑产生情绪的主观体验，向下传至交感神经引起机体的生理变化，所以身体变化和情绪体验同时发生。这个理论可以说明为什么长期不良的情绪可以导致躯体疾病的发生。心理生理学理论的早期研究以生理学家坎农（W.B.Cannon）为代表。他在20世纪30年代提出了情绪心理学说，指出“强烈的情绪变化（恐惧、发怒等）会使动物产生‘战斗或逃避’的反应，通过自主神经系统影响下丘脑激素的分泌，导致心血管系统活动改变”。如果不良情绪长期反复出现，就会引起生理功能紊乱和病理改变。

（二）詹姆斯-兰格的外周情绪理论

心理学上最早对情绪提出系统理论解释的是美国心理学家詹姆斯（James）和丹麦生理学家兰格（C.G.Lange），他们的理论后来合称为詹姆斯-兰格情绪理论。詹姆斯和兰格认为，情绪就是对机体状态变化的觉知。他说：“我们因为哭了所以感到伤心；因为动手打了所以生气；因为发抖所以害怕。而并不是因为我们难过、发怒或害怕，所以才哭、打人或发抖。”他们认为每一种重要的情绪都伴随着内部身体器官的生理反应，人们根据各种独特的内脏体验来界定自己的情绪体验。

（三）沙赫特的情绪认知理论

美国心理学家沙赫特（S.Schachter）认为情绪受环境影响、生理唤醒和认知过程三种因素所制约，其中认知因素对情绪的产生起关键作用。沙赫特和另一位美国心理学家辛格（J.Singer）于1962年设计了一项实验，用来证明上述三种因素在情绪产生中的作用。受试者被告知将接受一种维生素注射，事实上他们被注射了肾上腺素，药物会导致心悸、颤抖、灼热、兴奋等反应。告知第一部分受试者真实的注射药物及其反应（告知组），告知第二部分受试者药物是温和的，没有副作用（未告知组），第三部分受试者被告知药物会导致全身麻木、发痒和头痛（误告知组）。当这些受试者分别走进欣快情景和愤怒情景时，那些不了解实情的受试者和被误告知的受试者都因情景的不同而表现出与情景一致的反应：或欣快或愤怒，而情绪反应和他们接受注射的药物没有关系，但是告知组受试者做出的反应却和药物实际反应一致。于是沙赫特等解释认为：生理唤醒是情绪激活的必要条件，但真正的情绪体验是个体对唤醒状态的认知决定的。个体利用过去经验中和当前环境的信息对自身唤醒状态做出合理的解释，正是这种解释决定着产生怎样的情绪。

四 情绪的作用与调节

（一）情绪的作用

1. 情绪是适应生存的心理工具　情绪的适应功能在于改善和完善人的生存条件，例如，婴儿在出生时，由于脑的发育尚未成熟，还不具有独立生存的基本能力，他们靠情绪信息的传递，得到成人的抚育。人们常通过快乐表示情况良好；通过痛苦表示急须改善不良处境。

2. 激发心理活动和行为的动机　情绪构成一个基本的动机系统。它能够驱动有机体发生反应、从事活动，在最广泛的领域里为人类的各种活动提供动机。情绪的动机功能既体现在生理活动中，也体现在人的认识活动中。

3. 情绪是心理活动的组织者　情绪作为脑内的一个监察系统，对其他心理活动具有组织作用。它包括对活动的促进或瓦解两方面，正性情绪起协调、组织作用，负性情绪起破坏、瓦解或阻断作用。

4. 情绪是人际交往的重要手段　情绪和语言一样，具有服务于人际沟通的功能。情绪通过独特的无言语沟通形式，即由面部肌肉运动、声调和身体姿态变化构成的表情来实现信息传递和人际间相互了解。其中面部表情是最重要的情绪信息媒介。

（二）情绪的调节

1. 意识调节　人的意识能够调节情绪的发生与强度，在遇到问题时，要善于明理与宽容，能镇静理智地处理问题。

2. 注意转移　及时把注意力从自己的消极情绪上转移到其他方面去，如找人谈心、外出散步、欣赏音乐等，都可以冲淡消极情绪的影响。

3. 适当宣泄　产生消极情绪时，不把它压抑下来，而是适当宣泄。

4. 自我控制　人们可以用自我控制法控制情绪，即按一套特定的程序，以机体的一种随意反应去改善机体的另一些非随意的反应，用心理过程来影响生理过程，从而达到松弛入静的效果，以解除紧张和焦虑情绪。

第4节　意 志 过 程

概述

（一）什么是意志

意志是人自觉地确定目的，并根据目的支配和调节行动，克服困难从而实现预定目的的心理过程。意志是人类特有的心理现象，是人类意识能动性的集中表现。意志总是和人的行动相联系，并对人的行动起着调节和控制作用。

（二）意志行动的特征

意志行动的特征可以概括为以下三点。

1. 有明确的目的性　自觉地确定目的是人的意志的首要特征。离开了自觉的目的，意志便失去了存在的前提，就没有意志可言。意志行动的目的越明确，越高尚，越远大，意志水平就越高，行为的盲目性和冲动性也就越小。

2. 与克服困难相联系　意志行动一定是与克服困难和挫折相联系的，不需要克服困难的行动，不能称之为意志行动。克服困难是意志的核心价值所在，是衡量其意志强弱的重要指标之一。

3. 以随意运动为基础　意志行动的目的性决定了意志行动必须是在人的主观意识支配下的随意动作，必须通过自我意识发动或停止、加强或减弱、稳定或转移自己的行动，从而达到自己的目的。

意志的品质

（一）意志的自觉性

意志的自觉性是指一个人在行动中具有明确的目的，能认识行动的社会意义，并使自己的行动服从于社会的需要的意志品质。与自觉性相反的意志品质是受暗示性和独断性。

（二）意志的果断性

意志的果断性是指善于抓住时机、迅速合理地采取决定，并实现所作决定的意志品质。与果断性相反的意志品质是优柔寡断和草率决定。

（三）意志的坚韧性

意志的坚韧性又称意志的顽强性，是指在行动中保持充沛的精力和毅力、克服各种困难、坚决达到预定目的的意志品质。与坚韧性相反的意志品质是动摇和顽固。

意志的坚韧性有两个特征：一是能经得起长期的磨练，这个特征与个体的精力和毅力有关；另一个特征是为了达到自己的目标，能够迫使自己服从于不符合本人意愿的决定和行动手段。

（四）意志的自制性

意志的自制性是指在意志行动中能够自觉、灵活地控制自己的情绪，约束自己的行为和言语的品质。与自制性相反的意志品质是冲动性，冲动性是指不能控制自己的情绪，对自己的动作和言语约束较差的品质。

第5节 需要与动机

需要

（一）需要的概念

需要是个体对自身内部和外部环境的一定对象的需求在头脑中的反映，是个体心理活动与行为的基本动力。

需要通常被人体验为一种“欠缺感”，其表现形式是意向、愿望。需要既反映个人需求，又反映社会需求。需要是否满足，会导致各种各样情绪、情感的产生。

（二）需要的种类

从两个角度，可以把需要加以分类。

1. 从需要的起源角度分类

（1）生理需要：是有机体为维持生存和繁衍后代而产生的各种需要，如饮食、休息、排泄、性等方面的需要。这是需要的自然属性，是人与动物所共有的。

（2）社会需要：是人在社会历史发展过程中，在自然性需要基础上通过后天习得获得的人类特有的需要，如对交往、劳动、文化、科学、艺术等的需要，它是高级的需要。社会需要如果得不到满足，就会使人产生焦虑、痛苦的情绪。

2. 从需要的对象角度分类

（1）物质需要：既包括自然性的物质需要，如饮食、排泄；又包括社会性的物质需要，如劳动工具、居住环境等。

（2）精神需要：主要反映人在认识、情感、意志方面的需求，如观察、思考、回忆、幻想

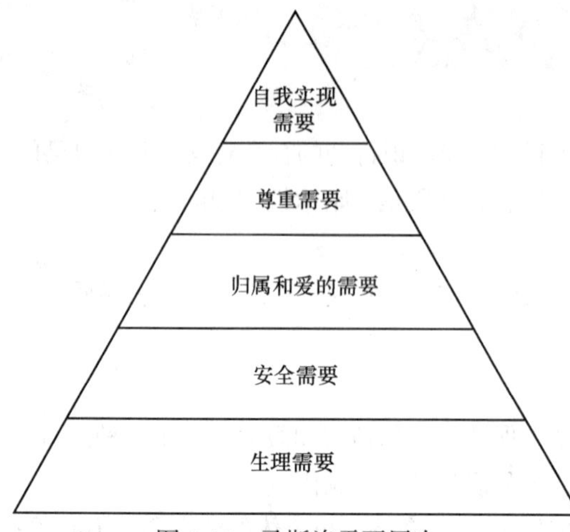

图 2-12　马斯洛需要层次

等认识活动；对美的欣赏、道德的追求；用志向目标激励自己等。

（三）马斯洛需要层次理论

人的需要是多种多样的，许多心理学家对此进行了研究。在众多的研究中，美国人本主义心理学家马斯洛（A.Maslow）的需要层次论可谓独树一帜，是最富影响力的需要理论。他将人类多种多样的需要归纳为 5 个基本的层次（图 2-12）。

1. 生理需要　是指个体为维持生存及延续种族的需要，如对食物、水分、氧气、性欲、排泄和睡眠的需要等。这是人类保存个体生命和群体生命的基本需要，是所有需要中最基本、最原始，也是最强有力的需要，是其他一切需要产生的基础。如果没有这种需要，人类的生命都无法存在，更无法去谈其他需要。

2. 安全需要　是指希望受到保护与免遭威胁从而获得安全感的需要。安全需要主要包括：①生命安全；②财产安全；③职业安全。

3. 归属和爱的需要　是指每个人都有被他人或群体接纳、爱护、关注、鼓励及支持的需要。人是具有社会性的动物，具有团体归属感，都希望能够找到自己所属的社会群体，如家庭、学校、工作单位等。不仅如此，人们还希望在自己所生活的群体中得到接纳、爱护、关注、鼓励、支持，建立和谐关系等。

4. 尊重需要　包括自尊与他尊两个方面。自尊是指个人渴求力量、成就、自强、自信和自主等。自尊需要的满足会使人相信自己的力量与价值，使人在生活中变得更有能力，更富有创造性。他尊是指个人希望得到别人的尊重，希望自己的工作和才能得到别人的承认、赏识和高度评价，也即希望获得威信、实力和地位等。他尊需要的满足会使人相信自己的潜能与价值，从而进一步产生自我实现的需要。

5. 自我实现需要　当上述几种需要获得基本的满足之后，就会产生最高层次的需要：自我实现的需要。所谓自我实现的需要即指个人渴望自己的潜能能够得到充分的发挥，希望自己越来越成为所希望的人物，完成与自己能力相称的一切活动。

马斯洛把人的需要分为不同层次和重视人的内在价值等方面有其积极的一面，但它只强调了个人的需要、个人的意识自由、个人的自我实现，而没有提到社会现实对个人需要的制约作用。其次，马斯洛理论还缺乏科学实验的依据和客观的测量指标，还有待在社会实践中进一步的检验。

二　动机

（一）动机的概念

动机是引起和维持个体活动、并使活动朝向某一目标的内部动力。

人的各种各样的活动都是在一定动机的支配下进行的，人可能意识到自己的动机，也可能意识不到自己的动机，但没有这种内部动力，人就不会有各种各样的活动。

动机的产生取决于两个条件：主体需要和客观诱因。主体需要是动机产生的内在条件。如果说人的需要是个体行为积极性的源泉，那么，人的动机就是这种源泉的具体表现。动机是在需要的基础上产生的，离开需要的动机是不存在的。客观诱因是动机产生的外在条件。所谓诱因是指能够激起有机体的定向行为、并能满足某种需要的刺激。诱因可分为正诱因和负诱因。正诱因是使个体趋向、接受从而满足某种需要的刺激；负诱因是使个体逃离、摆脱从而满足某种需要的刺激。例如，对小孩来说，食物是正诱因，斥责是负诱因。

（二）动机的基本功能

1. 激活功能　动机能激发个体产生某种活动。带着某种动机的个体对某些刺激，特别对那些与动机有关的刺激反应特别敏感，从而激发个体去从事某种反应或活动。例如，饥饿者对食物、口渴者对水特别敏感，因此也容易激起寻觅活动。

2. 引导功能　动机与需要有根本区别，需要是有机体因匮乏而产生的主观状态，这种主观状态是一种无目标状态。而动机是针对一定目标（或诱因）的，是受目标引导的。也就是说需要一旦受到目标引导就变成了动机。由于动机种类不同，人们行为活动的方向和它所追求的目标也不同。

3. 维持和调整功能　当个体的某种活动产生后，动机就维持着这种活动，针对一定目标，调节着活动的强度和持续时间。如果达到了目标，动机就会促使个体终止这种活动；如果尚未达到目标，动机将驱使个体维持或加强这种活动，以达到目标。

（三）动机分类

人的动机是复杂的、多样的，可以从不同的角度，用不同的标准对动机进行分类。

1. 根据动机的性质分类

（1）生理性动机：又称原发性动机、原始性动机或生物性动机，它是以生物性需要为基础的动机，如饥饿、渴、睡眠、空气、性、躲避危险等动机。

（2）社会性动机：又称继发性动机、习得性动机或心理性动机，是以社会需要为基础的动机。社会性动机的内容十分丰富，兴趣、成就动机、权力动机和交往动机均属于社会性动机。

2. 根据动机的作用分类

（1）主导动机：是一个人动机中最强烈、最稳定的动机，处于主导和支配地位。

（2）辅助动机：则通常与一个人的习惯和兴趣相联系，对主导动机起补充作用。

3. 根据动机的来源分类

（1）外在动机：是人在外界的要求与外力的作用下所产生的行为动机。

（2）内在动机：是由个体的内在需要引起的动机。

（四）动机冲突

1. 双趋冲突　有两个目标同时吸引着人们，但只能选择其中一个，这时就引起双趋冲突。“鱼和熊掌不可兼得”即是这种情况。产生双趋冲突的两个目标如果吸引力差别较大，解决冲突比较容易；如果两个目标的吸引力差别较小，解决冲突就比较困难。

2. 双避冲突　两个目标都是人们力图回避的，而又只能回避其中的一个，这时所产生的冲突即是双避冲突。例如，一个人生病后是吃药还是打针任选其一，吃药苦，打针痛，但为了治病必须接受一种方法，这种心理矛盾就是双避冲突。双避冲突的解决，一般是两害之中取其轻。

3. 趋避冲突　同一个目标既有吸引力又有排斥力，在这种情况下，人们既想接近这一目标，又想回避这一目标，从而引起的内心冲突就是趋避冲突。例如，有的人想吃美食但又怕身体发胖，这些心理矛盾都是趋避冲突。趋避冲突的解决一般是权衡利弊，利大于弊时趋之，弊大于利时避之。

4. 多重趋避冲突　在实际生活中，人们常面对两个或两个以上的目标，而每个目标都具有吸引力和排斥力，这时人们不能简单地趋向于一个目标而回避另一个目标，必须进行多重选择，由此引起的内心冲突称多重趋避冲突。解决多重趋避冲突，要求人们进行多方面的思考，因而是比较困难的。

动机冲突发生时，个体会表现出紧张、焦虑。过分的紧张、焦虑情绪可引起心理障碍，而影响个体的心身健康。动机源于个体的需要，因此正确处理好动机冲突使需要和自身及所处社会环境相适应，对维护身心健康十分重要。

第6节　人　　格

案例 2-3

一位老教授培养出3位得意门生，一位在官场上春风得意；一位在商场上捷报频传；一位埋头做学问成为某学科的带头人。在一次同学聚会上，有人问这位老师："您认为这3个人中，哪个将来最有出息？"老师说："现在还看不出来，人生的较量有3个层次，最低层次是技巧的较量，其次是智慧的较量，他们现在正处于这一层次，而最高层次的较量则是人格的较量。"

问题：人格的含义是什么？人格包括哪些内容？

一　人格的概述

（一）人格的概念

人格一词，来自于拉丁文"Persona"（面具），意为"剧中角色"。此词的原意是指希腊戏剧中演员戴的面具，面具随人物的角色的不同而变换，体现了角色的特点和人物性格，就如同我国戏剧中的脸谱一样，红脸代表忠义，白脸代表奸诈，黑脸代表刚强。心理学沿用面具的含义，转意为人格，其中包含了两个意思：一是指一个人在人生舞台上所表现出来的种种言行，即人遵从社会文化习俗的要求而做出的反应，表现出一个人外在的人格品质；二是指一个人由于某种原因不愿展现的人格成分，即面具后的真实自我，这是人格的内在特征。

到目前为止，由于心理学家各自的研究取向不同，因而对人格的看法有很大的差异，综合各家的看法，可以将人格的概念界定为：指一个人总的精神面貌，是相对稳定的、具有独特倾向性的心理特征的总和。

人格是一个具有丰富内涵的概念，其中反映了人格的多种本质特征。

（二）人格的特征

1. 独特性与共同性　一个人的人格是在遗传、成熟、环境和教育等因素的交互作用下形成的。不同的遗传、生存及教育环境，形成了各自独特的心理特点。所谓"人心不同，各如其面"，正说明了人格是千差万别、千姿百态的，这就是人格的独特性。另一方面，生活在同一社会群体中的人也有一些相同的人格特征，如中华民族是一个勤劳的民族，这里的"勤劳"品质，就是共同的人格特征。

2. 稳定性与可塑性　人格具有跨时间和跨情境的稳定性。例如，一位性格内向的大学生，在各种不同的场合都表现出沉默寡言的特点，这种特点从入学到毕业不会有很大的变化，这就是人格的稳定性，俗话说，"江山易改，秉性难移"，这里的"秉性"就是指的人格，当然，强调人格的稳定性并不意味着人的一生中是一成不变的，随着生理的成熟和环境的改变，人格也可能产生或多或少的变化。

3. 社会性与生物性　人格是在一定社会环境中形成的，人格既具有生物属性，也具有社会属性。因此，人格必然会反映出一个人生活环境中的社会文化特点，体现出个人的社会化程度和其角色行为，说明了人的人格的社会制约性。脱离了人类社会实践活动，不可能形成人的人格。“狼孩”的故事就是最有力的例证。

4. 整体性　人格是由多种成分构成的一个有机整体，具有内在的一致性，受自我意识的调控，人格的统合性是心理健康的重要指标。当一个人的人格结构各方面彼此和谐一致时，他的人格就是健康的，否则，会出现适应的困难，甚至出现“分裂人格”。

（三）人格的结构

人格包括人格倾向性、人格心理特征及自我意识三个方面。

1. 人格倾向性　是决定个体对事物的态度和行为的内部动力系统，由需要、动机、兴趣、目的、志向、理想、信念、价值观等构成。

2. 人格心理特征　即心理特征系统，是个人身上经常表现出来的稳定的心理特征，它影响个人活动的效能和风格，包括气质、性格、能力等。

3. 自我意识　即自我调控系统，则是指人对自身及对自己与客观世界的关系的意识。它能使每个人在与周围世界打交道的过程中对自己有认识、有体验、有控制。

人格结构的这三部分既是相对独立的，又是相互渗透、相互制约的。

二 能力

（一）概述

1. 能力的概念　能力是人格的重要组成部分，是人顺利地完成某种活动所必备的心理特征。能力是在活动中形成和发展，并在活动中表现出来的。能力的高低影响活动的效果。例如，一名医生要对患者做出准确诊断，除了具备必要的医学知识外，还要具备敏锐的观察力，良好的沟通与影响患者的能力，以及具有一定的医疗器械的操作能力等。

2. 能力与知识、技能　都是人们保证任务顺利完成的重要条件，但能力不等于知识和技能，三者之间关系是既有区别，又紧密联系。能力是人的一种人格心理特征，知识是人类社会历史经验的总结和概括，技能则是通过练习而巩固了的已经“自动化”了的动作方式。以临床患者的诊断为例，在诊断过程中所用的定理、公式属于知识范围，诊断中所进行的思维活动的严密性和灵活性则属于能力范围。

（二）能力的分类

人的能力是各种各样的，可以从不同的角度对能力进行分类。

1. 按能力所表现的活动领域不同可把能力分为一般能力和特殊能力。

一般能力也称普通能力，也就是平常所说的智力，是指人们从事各种活动所必需的最基本的能力。它包括人的观察力、注意力、记忆力、思维力和想象力五种能力，其中思维力是一般能力的核心。一般能力是特殊能力和创造能力形成和发展的基础。

特殊能力也称专业能力，是指在某种专业活动中表现出来的能力，如音乐才能、绘画才能等。它是顺利完成某种专业活动的心理条件。

2. 按照活动的创造性大小把能力分为模仿能力和创造能力。

模仿能力是指仿效他人而引起与他人相类似的活动的能力，如学唱歌、写字、儿童模仿父母的说话、表情等。模仿是动物和人类的一种重要的学习能力。

创造能力是指产生新思想、发现和创造新事物的能力，如艺术作品、新奇建筑等。

3. 按照能力发挥作用的领域把能力分为认知能力、操作能力和社交能力。

认知能力是指接收、加工、储存和应用信息的能力，如观察力、记忆力、想象力等，它是人们成功地完成活动最重要的心理条件。人们认识客观世界，获得知识，主要通过认知能力。

操作能力是指人们操作自己的肢体以完成各项活动的能力，如劳动、跳舞、体操等。

社交能力是指在人们的社会交往活动中表现出来的能力，如语言表达能力、组织能力、管理能力等。

4. 按照能力在人的一生中的不同发展趋势及能力对先天禀赋与社会文化因素的关系，把能力分为液态能力和晶态能力。

液态能力是指受神经系统成熟影响较大，受后天文化和知识影响较小的能力，如记忆能力、反应能力等。液态能力的发展与年龄有密切关系。

晶态能力是指受后天经验影响较大，主要表现在运用已有的知识和技能去吸收新的知识或解决问题上的能力，如获得语言、数学知识的能力。晶态能力依赖于液态能力。

（三）能力发展的一般趋势与个体差异

人的能力在一生中是不断发展变化的。能力的发展变化既有一般趋势，也存在着个体差异。

1. 能力发展的一般趋势　能力的发展随年龄增长而变化，具有一定的规律性。主要表现为下述几个方面。

（1）童年期和少年期是某些能力发展最重要的时期。从 3、4 岁到 12、13 岁，智力的发展与年龄的增长几乎等速。随后，智力发展呈负加速增长。

（2）人的智力在 18～25 岁达到顶峰。智力的不同成分达到顶峰的时间是不同的，如知觉推理能力发展较早，而言语理解和词语流畅性发展晚一些。

（3）根据对人的智力毕生发展的研究，人的液态智力在中年之后有下降的趋势，而人的晶态智力在人的一生中是稳步上升的。

（4）成年人是各种能力发展相对稳定的时期。在 25～40 岁，会出现富有创造性的活动。

2. 能力的个体差异　人与人的能力之间存在着许多差异，这些差异可以概括为三个方面。

（1）能力发展水平的差异：主要是指智力上的差异，它表明人的能力发展有高有低。研究发现，就一般能力来看，在全世界人口中，智力水平基本呈常态分布，即智力极低或智力极高的人很少，绝大多数的人属于中等智力。

（2）能力类型的差异：是指构成能力的各种因素存在质的差异，主要表现在知觉、记忆、想象、思维的类型和品质方面，如有的人记忆力比较强，有的人就比较差；有的人拥有丰富的想象力，而有的人想象力就比较匮乏；有的人以形象思维为主，有的人以逻辑思维为主。

（3）能力表现早晚的差异：人的能力充分发展有早有晚。能力表现较早的称为人才早熟；如初唐四杰之一的王勃，6 岁善文辞，10 岁能赋，13 岁写出脍炙人口的《滕王阁序》；奥地利音乐家莫扎特 5 岁作曲，8 岁试作交响乐，12 岁作歌剧。人的能力除了早期表现外，还有大器晚成的现象。我国著名画家齐白石，40 岁才表现出他的绘画才能；著名生物学家、进化论的创始人达尔文，少年时期智力一般，直到 50 岁才写出《物种起源》一书。

人的能力虽有表现早晚的差异，但对多数人来说，成才或出成果的最佳年龄是成年或壮年时期。

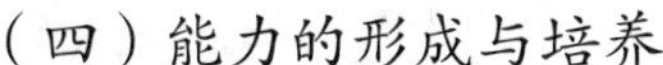

（四）能力的形成与培养

能力是在素质的基础上，在社会生活条件和教育的影响下，通过人的实践活动而逐渐形成和发展的。

1. 遗传素质　遗传主要是指那些与生俱来的解剖生理特征，如机体的构造、大脑的结构、神经系统的特征等，这是能力发展的生物前提和物质条件。先天的遗传素质不同必定会对能力的发展产生不同的影响，如对养子、养女与亲生父母和养父母能力发展关系的研究，结果表明，亲生父母与子女的智力相关高于养父母与养子、养女的智力相关。

2. 家庭环境和教育　婴儿出生前生活在母体内的环境与出生后的家庭早期教育对人的能力发展有重要影响。现代科学研究证明，产前环境对能力发展有重要影响。产前环境，如营养因素、母亲服药、母亲妊娠年龄等都可能对其将来的能力发展产生重大影响。

3. 学校教育　是指学校对学生有目的、有计划、有组织的影响。通过教育，不仅要使学生掌握系统的知识和技能，更重要的是发展了他们的能力及其他心理品质。

4. 社会实践　人的能力最终是在社会实践活动中形成起来的。随着生产力的发展，科学技术的进步和社会活动领域的扩大，人也不断地产生新的需要，必然会形成和发展起多种多样的能力。如果不亲自参加社会实践活动，就不可能具备某领域实践活动所要求的那种具体能力。

5. 个人的主观努力　能力的发展与个人的主观努力程度是分不开的。常言说：勤奋长才干，实践出真知。一个人如果积极上进，勤奋肯干，有强烈的求知欲，其能力必定会得到积极的发展。相反，一个人如果终日无所事事，生活无目标，其能力必定不会得到很好的发展。

三　气质

（一）气质的概念

气质也就是通常所说的“禀性”“脾气”，是个体表现在心理活动的强度、速度、灵活性和指向性等方面的一种稳定的心理特征，如情绪和意志力的强弱、注意力集中的时间、思维的灵活程度、心理活动的倾向性等。人的气质是先天形成的，受神经系统活动过程的特性所制约。

（二）气质的特征

气质类型是心理特征的结合，其特征可概括为以下几点。

1. 感受性　指人对外界刺激的感觉能力。

2. 耐受性　指人在经受外界刺激作用时表现在时间和强度上的耐受程度。

3. 反应的敏捷性　指不随意注意及运动的指向性，心理反应及心理活动的速度、灵活程度。

4. 行为的可塑性　指人依据外界事物的变化情况而改变自己适应性行为的可塑程度。

5. 情绪兴奋性　包括情绪兴奋性的强弱和情绪外露的程度两方面。

6. 外倾性与内倾性　外倾性的人动作反应、言语反应、情绪反应倾向于外，内倾性的人表现则相反。

（三）气质的类型

关于气质类型及其划分依据不同的观点提出各种类型学说，如日本学者古川竹二提出的血型学说；德国精神病学家克瑞奇米尔提出的体型学说等。现在较为流行的气质类型是古希腊著名医生希波克拉底提出的气质体液学说。他认为人体内有血液、黏液、黑胆汁和黄胆汁四种体液，根据在人体内四种体液的不同比例将气质分为多血质、胆汁质、黏液质和抑郁质。这种提法虽然缺乏严谨的科学依据，但在日常生活中确实可以见到这四种气质类型的人，因此该气质类型仍沿用至今。

但在实际生活中，典型的气质类型是不多见的，多数是两种或多种气质的混合型。

根据气质的体液学说，经过历代心理学家的补充完善，其四种气质类型的典型外在表现特征如下。

1. 多血质　属于敏捷好动的类型。这种气质类型具有很强的耐受性、兴奋性、敏捷性和可塑性，反应速度快，感受性较强。在行为上，这种气质类型的人热情、活泼、敏捷、精力充沛，适应能力强，善于交际，常能机智地摆脱窘境。他们肯动脑筋，主意多，常表现出机敏的工作能力和较高的办事效率，对外界事物有广泛的兴趣，人格具有明显的外向性。

2. 黏液质　属缄默而沉静的类型。这种气质类型感受性弱，敏捷性、可塑性、兴奋性也弱，唯有耐受性强。这种气质类型的人行为表现为缓慢、沉着、镇静、有自制力、有耐心、刻板、内向。他们不易接受新生事物，不能迅速地适应变化了的环境，与人交往适度，情绪平稳。

3. 胆汁质　属于兴奋而热烈的类型。这种气质类型的人感受性较弱，耐受性、敏捷性、可塑性均强，兴奋比抑制占优势，外向；行为表现常是反应迅速、行动敏捷，在言语、表情、姿态上都有一种强烈的热情，在克服困难上有坚韧不拔的劲头。

4. 抑郁质　属呆板而羞涩的类型。这种气质类型的人感受性很强，常为一点儿微不足道的事而动感情，耐受性、敏感性、可塑性、兴奋性都很弱。他们的行为表现为孤僻，避免同陌生的、刚认识的人交往。在新的情况下，他们容易惶惑不安，在强烈和紧张的情形下容易疲劳，在熟悉的环境下表现很安静，动作迟缓、软弱。他们具有高度情绪易感性，情绪体验方式少，但体验深刻、强烈而持久且不显露。

（四）气质类型的生理机制

有关气质的生理机制，目前最推崇的是著名的俄国生理学家巴甫洛夫提出的高级神经活动类型学说。该学说认为高等动物大脑皮质神经活动的基本过程是兴奋和抑制过程。它具有三种基本特性：强度、灵活性和平衡性。由于这三种基本特性的不同组合，构成高级神经活动的四种基本类型。

1. 强而不平衡型　兴奋比抑制占优势，以易激动、不易控制为特点，称为“不可遏制型”胆汁质。

2. 强、平衡、灵活型　兴奋和抑制都比较强，两种过程易转化。以反应灵活、外表活泼、迅速适应环境为特点，称为“活泼型”多血质。

3. 强、平衡、不灵活型　兴奋和抑制都较强，两种过程不易转化。以坚毅、迟缓为特征，称为“安静型”黏液质。

4. 弱型　兴奋和抑制都很弱，而且弱的抑制过程比弱的兴奋过程占优势。以胆小、经不起冲击、消极防御为特征，称为“抑制型”抑郁质。

巴甫洛夫关于高级神经活动类型学说，阐明了人的气质类型的生理基础，验证了不同气质类型的个体之间在解剖和生理机制上的个体差异，从一定意义上阐明了气质是高级神经活动类型在人的外显行为和活动中的表现。

（五）气质的意义

1. 气质与能力水平　气质本身并无好坏之分，不决定人的能力和成就高低，任何气质都有其积极方面和消极方面。例如，胆汁质的人可以形成热情、开朗、动作迅速有力、生机勃勃、工作效率高等良好的品质，但也容易形成暴躁、任性、蛮横、粗野等不良品质。在世界各国的杰出人物中各种气质类型的代表人物都有，诗人普希金是胆汁质，作家赫尔岑是多血质，寓言家克雷洛夫是黏液质，剧作家果戈里是抑郁质。

2. 气质与活动效率　在各种实践领域中，气质虽不起决定作用，但它对人的工作方式有影响，并在一定程度上影响人的工作效率，因此在职业的选择上，考虑气质因素是十分重要的。研究和实践表明，某些气质特征为一个人从事某种工作或职业提供了可能性和有利条件。对于一些需要做出迅速反应的活动，胆汁质和多血质的人容易取得较高的效率；而一些细致、持久、单调的活动，黏液质和抑郁质的人可能更适合。

3. 气质与临床医疗工作　一方面医疗工作者应该了解自己的气质类型，注意在现实生活和工作中自我调整，培养自己稳定而灵活的心理活动方式，以适应医疗工作的需要。另外，不同气质类型的患者，对同样疾病痛苦的反应和态度存在着很大的差异，因此，在临床医疗工作中可通过分析观察患者的气质类型，有效地调整好医患关系。

4. 气质与健康　一些研究表明，不同的气质类型对人的身心健康有不同的影响。孤僻、抑郁、情绪不稳定、过分性急、冲动等特征都不利于心身健康，有些可能成为心身疾病的易感因素。

四 性格

（一）性格的概念

性格是指个体对客观现实的一种稳定的态度及与之相应的习惯化的行为方式所表现出来的心理特征。性格是人格的核心，也是人格中最重要的心理特征，是人与人区别的主要方面。

性格与气质区别在于两个方面：第一，气质代表人格的生理层面，受先天因素影响较大，变化较慢、较难；性格代表人格的社会层面，更多地受后天因素影响，性格可塑性比气质大，偏重于一个人有关道德、伦理和社会价值取向的心理、行为倾向的整合系统，反映一个人的社会精神面貌。第二，气质特征无好坏之分，它不决定人的成就的高低，也不影响人对社会贡献的大小及个人品德的优劣；而性格有好坏之分，它贯穿于人的全部行为之中，标志着一个人的品德和世界观，是一个人精神面貌的集中反映，它影响个体的人际关系，活动效果，以及事业的成败，具有直接的社会意义，并受社会的评价。例如，诚恳、友善、热情的性格特征有助于建立良好的人际关系；冷酷、虚伪、傲慢的性格特征会使人际关系恶化。

（二）性格的特征

性格是十分复杂的心理现象，包含着各个侧面，具有不同的性格特征，主要包括以下四个方面。

1. 性格的态度特征　是指人在处理各种社会关系方面，对待社会、集体、工作、学习、生活和自己的态度的性格特征，如是大公无私、诚实、正直、认真、自信、热情、谦虚、严于律己，还是损公肥私、虚伪、冷漠、自卑、骄傲、自我放纵等。

2. 性格的情绪特征　是指人在情绪过程方面，情绪活动的强度、稳定性、持久性和主导心境的性格特征。例如，有的人情绪表现强烈、不稳定，对情绪的控制能力较弱；而有的人情绪体验比较微弱、比较稳定，对情绪的控制能力较强；又如有的人一贯朝气蓬勃、心情开朗、积极乐观；有的人经常抑郁寡欢、多愁善感、消极悲观。

3. 性格的意志特征　这是个体对自己行为自觉调整和控制水平方面的特征，如有的人自觉、果断、坚韧、有自制力；有的人盲目、优柔寡断、武断、见异思迁、怯懦等。

4. 性格的理智特征　是指人在认识过程方面，在感知觉、记忆、思维和想象等认知过程中表现出来的个别差异，如善于独立思考、深谋远虑、客观，还是缺乏主见、易受暗示、鼠目寸光、偏执等。

（三）性格的类型

性格的类型是指某些性格特征的独特结合，但由于性格的复杂性，性格类型的划分迄今也没有达成共识，这里仅介绍几个有代表性的分类。

1. 按心理过程的特点分类　根据理智、情绪和意志三种心理功能的特征在性格结构中所占优势的情况，将人的性格划分为下述三类。

（1）理智型：以理智衡量一切，以理智支配和调节言行。

（2）情绪型：言行易受情绪控制和支配，情绪体验深刻。

（3）意志型：有非常明确的行动目标，行为自制、坚定而持久。

2. 按心理活动的倾向性分类

（1）外倾型：感情外露、心理活动倾向于外部，开朗、活跃、善于交际。

（2）内倾型：感情内隐、善于思考、遇事谨慎、不善沟通。

3. 按个体的独立程度分类

（1）独立型：有主见，不易受外来事物的干扰，具有坚定的信念，能独立地判断、解决问题。

（2）顺从型：缺少主见，易受外界事物的干扰，对朋友和群体的依赖性较强。

4. 根据对心身疾病的易罹患性分类

（1）A 型性格：也称为 A 型行为类型，有时间紧迫感、善于进取、争强好胜，常怀有戒心和敌意。

（2）B 型性格：也称为 B 型行为类型。有研究表明，B 型性格的人是非竞争型的人，他们个性随和、情绪稳定，生活较为悠闲，对工作要求较为宽松，对成败得失看得较为淡薄。有研究表明，A 型性格的人易患冠状动脉粥样硬化性心脏病（冠心病），其发病率为 B 型性格的 2 倍，而心肌梗死的复发率为 B 型性格的 5 倍。

（3）C 型性格：也称 C 型行为类型。主要表现为与别人过分合作；原谅一些不该原谅的行为；生活和工作中没有主意和目标，不确定性多；对别人过分耐心；尽量回避各种冲突；不表现负性情绪，特别是愤怒；屈从于权威等。目前很多研究认为，C 型行为是癌症易感性行为特征。

（四）性格的意义

1. 性格决定人的社会价值　性格决定人对现实事物的基本态度及其行为反应，因而性格决定人的社会价值。例如，对事业的勤奋，进取、无私奉献的性格特征会对社会做出有益的贡献；而自私、贪婪，狡诈只能损人利己，给社会和他人带来危害。

2. 性格制约能力的发展　良好的性格能够促进一个人能力的发挥和发展，良好的性格可以使一个人的智力潜能得到充分的发挥，如“勤能补拙”；反之，不良的性格如缺乏毅力、不思进取等，则会阻碍能力的发挥和发展。

3. 性格对气质的影响　性格在一定条件下可以掩蔽或改造气质。良好的性格可以控制气质中某些消极的方面。例如，一个胆汁质气质类型的护士，有着对工作认真负责、对患者充满爱心的良好性格，经过一段时间的磨炼，逐渐形成耐心细致、善于自控的性格特征，其原有的易冲动、急躁的气质特征得到了一定程度的掩蔽和改造。

五 自我意识

自我意识是人的意识活动的一个方面，指个体对自己在思想、情感、行为及人际关系方面的认识、态度和评价，对自身心理活动和行为的控制和调整。自我意识是人格结构中的调控系统，对保证人格的完整、统一、整合有重要作用。

（一）自我认知

自我认知是对自己的洞察和理解，包括自我观察和自我评价。自我观察是指对自己的感知、思想和意向等方面的觉察；自我评价是指对自己的想法、期望、行为及人格特征的判断与评估，这是自我调节的重要条件。

（二）自我体验

自我体验是伴随自我认识而产生的内心体验，是自我意识在情感上的表现。例如，一个人对自己做积极的评价时，就会产生自尊感；做消极的评价时，会产生自卑感。自我体验可以使自我认识转化为信念，进而指导一个人的言行；自我体验还能伴随自我评价，激励适当的行为，抑制不适当的行为。

（三）自我控制

自我控制是自我意识在行为上的表现，是实现自我意识调节的最后环节。例如，一名护理人员意识到护理工作的意义、自己工作对患者的身心健康的重要意义，会激发起护理人员工作的动机，在行为上表现出认真、负责的态度。

六 人格的形成与发展

在一个人的人生发展历程中有许多因素会影响到人格的形成与发展，人格的塑造是先天和后天因素共同作用的结果。研究表明，人格是环境与遗传交互作用的产物，在人格培养过程中，既要看到个体的生物遗传的影响，更要看到社会文化的决定作用。

案例 2-3 分析 这个故事生动地表明，在人的素质结构中，人格起着近乎决定性作用。人格是一个丰富而复杂的心理成分，它凝聚着先天遗传、家庭、教育与社会文化等方面的个体风貌。在成长的过程中，遗传基因使得在童年时期就表现出诸多差异，而岁月的变迁更留下了难以磨灭的印记。一个人生理上的成长在二十几岁就停止了，而人格上的成长却是持续一生的过程，从婴儿、少年到青年、中年甚至老年，我们一步步地走过，伴随着时间的流逝，也伴随着身体的变化和心灵的沧桑。人格的成熟意味着个体心理的成熟，人格的魅力展示着个体心灵的完善。

（一）人格形成的影响因素

1. 生物遗传因素　人们与生俱来的感知器官、运动器官、神经系统和大脑在结构与功能上的一系列特点，是人格形成的物质基础与前提条件。双生子的研究被许多心理学家认为是研究人格遗传因素的最好的办法。研究结果表明，遗传是人格不可缺少的影响因素，通常在智力、气质这些与生物因素相关较大的特征上，遗传因素较为重要。此外，人的体态、体质和容貌，也是影响人格形成和发展的生物因素。例如，有些人因容貌出众而自负，有些人因先天不足而自卑。但是，生物因素只为人格的形成和发展提供了一种可能性，不能决定完整人格的发展。

2. 社会环境因素　包括家庭、学校和社会文化环境的影响。

（1）家庭环境因素：家庭是个体出生后最早接触的环境。父母的教养方式、家庭的气氛、父母的个性等都会对个体的人格形成起着重要的作用。

父母的教养方式影响着个体人格发展。家庭教养方式一般分为三类方式：第一，权威型（专断）教养方式。成长在这种教育环境下的个体容易形成消极、被动、依赖、服从、懦弱、做事缺乏主动性，甚至形成不诚实的人格特征。第二，放纵型（溺爱）教养方式。这种家庭的孩子多表现为任性、幼稚、自私、野蛮、无礼、独立性差、唯我独尊，蛮横胡闹等人格特征。第三，民主型（宽容）教养方式。这种家庭的孩子表现为快乐、谦虚、待人诚恳，富于合作，思想活跃，亲切等良好的人格特征。

俗话说，“有其父必有其子”。父母的心理状态、言谈举止、为人处事、心理素质、品行素质、文化素质等直接影响着孩子的人格形成。

父母之间感情和谐、互敬互爱，兄弟姐妹之间相亲相爱，通常使个体形成良好的人格特征。家庭成员之间经常吵闹，易使个体形成粗暴、蛮横、孤僻冷漠等不良的人格特征。

人生早期所发生的事情对人格的影响，历来为人格心理学家所重视。一些国家的调查发现，“母爱丧失”的儿童、包括受父母虐待的儿童，会表现出胆小、迟钝、不与人交往、敌对、攻击、破坏等人格特点，这些人格特点会影响他们一生的顺利发展，出现心理不健康、情绪障碍、社会适应不良等问题。

（2）学校教育因素：学校教育对适龄儿童的人格形成具有重要的作用。主要表现在教师和同伴的影响两方面。

教师的人格特征、行为模式与思维方式都会对学生产生巨大的影响，著名的“罗森塔尔效应”很好地说明了这一点。学校是同龄群体聚集的场所，同伴群体的兴趣、追求对学生的人格也具有巨大的影响。班集体是学校的基本组织结构，班集体的特点、要求、舆论和评价对于学生社会价值的获得，社会能力的培养和人格的健康发展都起着成人无法取代的独特作用。

（3）社会文化因素：社会文化塑造了社会成员的人格社会特征，这反映在不同文化的民族有其固有的民族性格、不同的地域有着不同的文化传统、不同的文化发展时期有着不同的文化认同上。

此外，生态环境、气候条件、空间拥挤程度等这些物理因素都可能会影响人格。

综上所述，在人格的培育过程中，各种因素对人格的形成与发展起着不同的作用。遗传决定了人格发展的可能性，环境决定了人格发展的现实性。

（二）人格形成的标志

人格形成的标志包括自我意识的确立和社会化的完善。前者标志形成了个体有别于他人的心理内涵，后者标志完成了社会角色的认同。

1. 自我意识的确立　自我意识也称自我概念，是个体对自己的各种身心状态的认识、体验和愿望，包括自我评价、归属感（角色认同）、形象感等，是个体对自己形象、能力、家庭、人际、应对、归属总的估价和认识。常以他人的评价作为依据来形成对自己的认识。

自我意识的真正确立是在青春期以后。随着体格生长和性发育的成熟，青少年日益把注意力指向自身，开始有成年人的独立感，并在心理上摆脱对监护人的依赖，进入“心理断乳期”。这个阶段在人生的发展中具有重要意义。因此，此时才标志自我是独立、完整和统一的，人格也开始具有相对的稳定性。

2. 社会化程度　社会化指个人的价值观、道德观、行为准则纳入社会规范的过程，即自然人（或生物人）成长为社会人。没有充分的社会化，不可能形成真正的人格。社会化使个体接受相应的文化、风俗和习惯；遵从一定的价值观、道德观；遵守各种规章、制度、纪律和法律。

这些内容最终反映为人格结构中的重要指标，并且以稳定的、习惯化的行为方式表现出来时，其人格也趋于完善。

目标检测

选择题

A_1型题

1. 对心理实质正确全面的理解是
   A. 人脑对客观现实的主观能动的反映
   B. 心理是客观现实的反映
   C. 心理是主观想象的反映
   D. 心理是客观现实的主观反映
   E. 心理是想什么就反映什么
2. 某历史人物曾遇到的一个场景是前有大河，后有追兵，此时该人物面临的动机冲突类型是
   A. 双趋冲突 B. 趋避冲突
   C. 双避冲突 D. 双重趋避冲突
   E. 多重避趋冲突
3. 知觉的基本特征不包括
   A. 选择性 B. 整体性
   C. 倾向性 D. 理解性
   E. 恒常性
4. “入芝兰之室，久而不闻其香”说明的是
   A. 感觉过敏 B. 感觉适应
   C. 感觉相互作用 D. 感觉减退
   E. 感受性补偿
5. 识记的内容遗忘最快发生在识记后的
   A. 第1天 B. 第2天
   C. 第3天 D. 第4天
   E. 第5天
6. 从情感范畴来看，爱国心是一种
   A. 责任感 B. 情操
   C. 集体感 D. 道德感
   E. 荣誉感
7. 胆汁质气质的人，其高级神经活动类型属于
   A. 强、均衡而灵活的活泼型
   B. 强、均衡而不灵活的安静型
   C. 强、不均衡而不灵活的兴奋型
   D. 弱、不均衡、不灵活的抑制型
   E. 弱、均衡、灵活的灵活型
8. A型行为性格与下列哪个疾病有关
   A. 溃疡病 B. 风心病
   C. 冠心病 D. 癌症
   E. 神经症
9. 情感对于情绪来说具有的特点是
   A. 强烈而冲动
   B. 伴有明显的行为变化
   C. 伴有明显的生理变化
   D. 稳定而深刻
   E. 带有明显的情境性
10. 智力发展的关键期在
    A. 3岁前 B. 4岁前
    C. 5岁前 D. 6岁前
    E. 7岁前

A_2型题

11. 小李已有八年没有游泳，但最近在危急情况下，他成功地从深水塘中抢救了落水儿童，从记忆的内容分类看，小李在水中的行为属于
    A. 形象记忆 B. 情绪记忆
    C. 动作记忆 D. 感觉记忆
    E. 瞬时记忆
12. 《红楼梦》中的林黛玉，其动作稳定缓慢，观察事物细致入微，敏感多疑，孤独多虑，情感体验深刻而持久。根据林黛玉的行为特征来看，其气质类型属于
    A. 多血质 B. 黏液质
    C. 胆汁质 D. 抑郁质
    E. 兴奋型
13. 某护士正在摆口服药，得知某病员病情发生变化，便立即放下药，投入抢救。这是注意品质的
    A. 注意的广度 B. 注意的稳定性
    C. 注意的分配 D. 注意的转移
    E. 注意的分散
14. 女性，17岁，大学一年级新生。上课经常玩手机、说话，虽然老师多次批评教育，

本人也多次承认错误，但仍然屡教不改。该学生意志品质较差的是

A. 果断性　　B. 自制性
C. 坚韧性　　D. 自觉性
E. 顽固

15. 王女士的丈夫，平时什么都好，就是好赌，怎么劝都没用，为此夫妻经常吵架，王女士很烦恼，几次想提出离婚，又于心不忍。该女士的内心状态属于

A. 双趋冲突　　B. 双避冲突
C. 趋避冲突　　D. 多重趋避冲突
E. 以上都不是

B_1型题

（16～18 题共用备选答案）

A. 感觉过敏　　B. 感觉适应
C. 感觉相互作用　　D. 感觉减退
E. 感受性补偿

16. "入芝兰之室，久而不闻其香"说明的是
17. 吃了苦药后，再喝白开水觉得水是甜的，是因为
18. 患者总觉得病房的灯光太刺眼，别人走路的声音太响，是因为

（顾红霞）

第3章 心理卫生

近年来，心理健康已成为衡量一个人幸福指标的重要因素，面对快节奏的社会生活和日益激烈的竞争压力，人们不再仅重视体格健壮、没有躯体疾病，而是越来越重视心理与行为的健康及社会适应良好。无论是从全社会人力资源开发与社会主义精神文明建设角度，还是从个人成长发展及生活品质改善角度看，维护个体的心理健康，都有着十分重要的现实意义。本章从心理健康的研究标准及不同年龄阶段的心理卫生方面进行探讨。

第1节 心理卫生概述

王某，初三女生，一向品学兼优，升入初三后，因父母对其期望过高，心理压力很大，造成考试恐惧。考试前、考试中出现心悸、胸闷、头晕耳鸣，有时伴有胃痉挛、痛经，记忆再现困难（常自诉脑子一片空白），无法抑制自己紧张情绪，考下来的成绩很不理想，不仅父母焦急，本人也忧心忡忡。

问题：以上案例中，王某的心理健康吗？心理健康如何评估？

一 心理卫生的含义

心理卫生也称精神卫生或精神保健，它是一门研究和促进心理健康，预防心理疾病的科学。它与心理健康是两个相邻的独立概念。心理卫生是指为保证心理健康而采取的卫生措施，包括预防精神病及各种心身疾病，普及心理卫生知识和进行心理治疗等。

“心理卫生”一词常在三种不同含义上被使用：第一，是指心理卫生学，是一门关于如何保持心理健康的综合性、边缘性学科；第二，是指人的心理健康状态，强调个体处于何种心理健康水平；第三，是指心理健康的服务工作，包括从出生到死亡各年龄阶段的心理保健，以及各职业领域内的特殊心理问题和危机干预等。

心理卫生服务的水平可分为三级：一级水平，包括从出生开始的各成长阶段所遇心理问题的研究和处理，使个体健康地成长、愉快地工作和生活。二级水平，主要针对精神疾病和心理异常的早期发现和早期治疗，防止病情的恶化。三级水平则是指对精神疾病的康复工作，防止复发，减少因精神疾病引起的精神残废现象，防止精神衰退。

二 心理卫生的历史

在心理卫生的历史上，美国学者比尔斯（Beers）发挥了不可替代的作用。他于 20 世纪初期发起了引人注目的心理卫生运动，这个运动以他的著作《一颗失而复得的心》（*A Mind That Found Itself*）的出版为标志。

1905 年，美国耶鲁大学商科学生比尔斯，其兄长患癫痫病，他因过分担心有共同的遗传基因而得了精神病，并欲跳楼自杀，被送进精神病院。出院后，比尔斯根据自己患精神病的经过和在精神病院遭受的痛苦折磨写了一部《一颗失而复得的心》的著作，于 1908 年 3 月出版，立即受到社会舆论的重视，当时美国心理学家詹姆斯给此书作序并高度评价。杰出的精神病学家阿道夫·梅耶（Adolf Meyer，1866—1950）读此书后，认为这是个心理卫生问题。这部著作的出版使人们注意到了这样的问题：对心理疾病患者的住院治疗条件应该改进；防止心理疾病的产生，使人具有健康的心理状态。

1908 年 5 月 6 日，比尔斯在故乡康涅狄格州建立了世界上第一个心理卫生组织——康涅狄格州心理卫生协会，比尔斯为会长。协会的成员主要是大学教授、心理学家、精神病专家、法官等，心理卫生协会的工作目标是保持心理健康；预防心理疾病；改善患者待遇；宣传心理卫生知识等。第二年的 2 月，在芝加哥成立了“美国心理卫生委员会”，之后美国几乎每一个州都设立了分会。

由于心理卫生实践的要求，以及这些先驱的卓越的工作成绩，再加上管理机构的创立，心理卫生方面的工作越来越受到了世界的重视，1930 年 5 月 5 日，53 个国家（包括我国）的 3042 名代表在华盛顿召开了国际心理卫生大会并成立国际心理卫生委员会。1948 年，在伦敦召开的第三届国际心理卫生大会上成立了另一个重要的国际心理机构——世界心理卫生联合会。

三 心理卫生的原则

（一）自我意识健全

健全的自我意识是心理健康的主要标准。人的自我意识健全，就能够正确地进行自我认识、自我体验、自我调节，并且也能正确评价他人的行为。

（二）克服心理冲突

人在生活、学习与工作中，不可避免地要经常发生心理矛盾，但是要控制其强度不宜过猛，持续时间不要过长。有了心理冲突要设法正确解决，不能消极对待。

（三）社会适应自如

一个人如果经常与社会隔离，不与人交往，容易养成孤独的情绪，影响心理健康。一个人经常参加有益的社会活动，进行正常而友好的交往，可使人消除忧愁，心胸宽畅，心情振奋，精神愉快。

（四）要有自知之明

要了解自己的长处与短处，了解自己的身体健康与心理健康的状况。经常用心理健康的标准来衡量自己的行为，促进心理健康。根据个人能力和现实环境等情况量力而行，切不可设置经过努力而无法达到的目标，否则容易受到挫折，产生心理冲突，情绪不安，影响心理健康。

此外保持健康的身体，有规律的生活，去掉不良嗜好，保持乐观情绪等都是心理卫生原则。

四 心理卫生的意义

心理卫生问题已成为一个全球性的问题。心理卫生的重要性越来越受到全世界的专家和各阶层人士的关注。心理卫生的意义在以下几个方面越来越显现出来。

（一）有助于心身疾病的防治

如果心理不正常，一方面通过心理影响生理的途径，危害人的躯体健康，甚至造成疾病，特别是各种慢性病，如高血压、癌症等心身疾病。心理卫生运动的开展，可促使人们重视和处理好心理因素与身体健康的关系，从而减少心理疾病的发生，有助于心身疾病的防治。

（二）有助于心理健康的发展，提高社会适应能力

当人的心理陷入了反常状态（轻者形成神经官能症或人格障碍，重者形成各种精神病），人的社会适应能力就会受到破坏，甚至无法进行正常的家庭和社会活动，从而给个人和家庭带来极大的苦恼和不幸，通过心理卫生工作，可以预防心理障碍的发生，提高人对挫折和逆境的承受力和应对能力，维护心理健康。

（三）有助于推动精神文明建设

人在反常的心理状态下，如不能自控的激动兴奋状态下会毁物伤人或者自毁，破坏生产，影响社会秩序。许多社会问题，如吸毒、犯罪、婚姻破裂等，都与心理因素有关。所以，没有心理卫生事业的蓬勃发展，就不会有真正的精神文明。

第2节　心理健康的研究与标准

一 健康观念的演变

从生物医学模式的角度界定健康和疾病，认为健康就是没有临床症状，临床测量、体格检查和各项生物学指标正常。1946 年世界卫生组织（WHO）将健康定义为健康不仅仅是没有疾病和虚弱，而且是身体上、心理上和社会适应功能上的完好状态。主张除了从生物医学角度，还要从心理学、社会学的角度综合考虑个体的健康问题。1989 年 WHO 最新对健康所下的定义是生理、心理、社会适应和道德品质良好状态。此定义全面、完整、科学地阐述了健康的内涵。

二 心理健康的概念

心理健康是指一种良好的心理或精神状态。一般认为，心理健康就是以积极的、有效的心理活动，平稳的、正常的心理状态，对当前和发展着的社会、自然环境及自我内环境的变化具有良好的适应功能，并由此不断地发展健全的人格，提高生活质量，保持旺盛的精力和愉快的情绪。

三 心理健康的研究角度

任何事物都有对立面，因而对其判断也都是相对的。健康心理的对立面是变态心理，或者说心理异常，都是指心理和行为偏离正常而言，但“变态”与“常态”，“异常”与“正常”都是相对的，人世间也无所谓“标准人格”或“绝对正常”。心理学家研究心理健康与否常从以

下几个方面观察。

（一）病理学角度

人的某种心理或行为如果被认为可能有病，就必须找到它的病理解剖或病理生理的根据。人的精神障碍，如出现幻觉、妄想等症状，被视为疾病的症状，产生的原因主要是脑功能失调。有些目前没有发现明显病理改变的精神障碍，可能在将来发现，患者的脑中，已发生了精细的分子水平上的变化。

（二）统计学角度

人的心理特征，在统计学上服从正态分布。所以，一个人的心理健康或不健康，就可根据偏离平均水平的程度来决定。心理测验就是从统计学角度评估心理健康的方法。统计学提供了心理特征的量化指标，操作简便易行，但是也有一些缺陷，如有些超常心理是极少数人具备的，不能当作心理异常或不健康；有的心理特征和行为并不一定服从正态分布。

（三）“文化学”角度

人总是在一定的社会文化环境中生活。因此，可以从人的心理和行为是否符合其生活环境所提出的要求，是否符合社会行为规范、道德准则等方面来判断。

四 心理健康的标准

心理卫生的目标就是达到心理健康，那么心理健康的标准是什么？人的生理健康一般有一个统一的判断标准或指标与正常值，并能通过检查得出结论，如体温、血压、肝功能等。而人的心理健康的判断没有绝对的、统一的、一致性的标准。同时，对一个人心理健康与否的判断还需要考虑所处的时代、文化背景、年龄、经历及环境等多方面的因素。许多心理学家从不同的角度对此进行了积极的探索，提出了各种观点。

著名的心理学家马斯洛（Maslow）和密特尔曼（Mittleman）认为心理健康的人，应符合以下标准：①是否有充分的安全感；②是否对自己有较充分的了解，并能恰当地评价自己的能力；③自己的生活理想和目标能否切合实际；④能否与周围环境保持良好的接触；⑤能否保持自身人格的完整与和谐；⑥是否具备从经验中学习的能力；⑦能否保持适度和良好的人际关系；⑧能否适度地表达和控制自己的情绪；⑨能否在集体允许的前提下，有限度地发展自己的个性；⑩能否在社会规范的范围内，适度地满足个人的基本要求。

我国的心理学家从适应能力、耐受力、控制力、意识水平、社会交往能力、康复力、愉快胜于痛苦的道德感等方面阐述了心理健康的标准。综合国内外专家学者的观点，归纳健康的心理应包含以下五方面的内容。

（一）智力正常

智力正常包括分布在智力正态曲线之内者及能对日常生活做出正常反应的智力超常者。

（二）情绪良好

情绪良好包括能够经常保持愉快、开朗、自信的心情，善于从生活中寻求乐趣，对生活充满希望。对负性情绪善于调整，具有情绪的稳定性。

（三）人际和谐

人际和谐包括乐于与人交往，既有稳定而广泛的人际关系，又有知己的朋友；在交往中保持独立而完整的人格，有自知之明，不卑不亢；能客观评价别人，取人之长补己之短，宽以待人，乐于助人等。

（四）适应环境

适应环境包括有积极的处事态度，与社会广泛接触，对社会现状有较正确的认识。具有顺应社会改革变化的能力，勇于改造现实环境，达到自我实现与社会奉献的协调统一。

（五）人格完整

心理健康的最终目标是培养健全的人格，包括人格的各个结构要素不存在明显的缺陷与偏差；具有清醒的自我意识，不产生自我同一性混乱；以积极进取的人生观作为人格的核心，有相对完整的心理特征等。

心理健康的评价是一个动态而又复杂的问题，想获得一个绝对客观的划分标准是不现实的，因为心理健康与不健康常没有严格的界限，一个人可能偶尔出现一些不健康的心理和行为，但这并不意味着这个人就是心理不健康，不能将暂短的、偶然的表现当作一个整体来看待。

五 判断心理健康的原则

从行为表现是否异常来评估个体心理是否健康，有下述三项原则。

（一）心理活动与客观环境具有统一性

心理是客观现实的反映，所以任何正常的心理活动或行为，在形式和内容上必须与客观环境保持一致。在精神科临床上，通常把有无“自知力”作为判断精神障碍的指标，所谓“无自知力”即对自身状态的错误反映。精神科临床也把“现实检验能力”作为判断精神障碍的指标，因为若要以客观现实检验自己的感知和观念，就必须以认知与客观现实的一致为前提。

（二）心理过程具有完整性和协调性

人的心理活动中认识、情感、意志三个过程的内容是否完整、协调一致，这是确保个体具有良好的社会功能和有效地进行活动的心理学基础。

（三）人格心理特征具有相对稳定性

在长期的生活道路上，每个人都会形成自己独特的人格心理特征，这种人格特征一旦形成，便有相对的稳定性；在没有重大变革的情况下，一般不会改变。如果一个人在没有明显的外部原因的情况下，个性发生了明显的改变，就会怀疑他出现了心理异常。

第3节 不同年龄阶段的心理卫生

心理卫生的内容是十分广泛的。人在不同年龄阶段，有不同的生理特点与心理特点，并且出现与之相联系的心理问题。个体心理卫生的内容也不尽相同。根据不同年龄阶段的身心特点，有效地预防一些心理冲突的发生，及时地解决一些心理问题是个体心理卫生的主要目标。

一 胎儿期心理卫生

心理卫生始于胎儿期。胎儿发育正常与否受遗传和环境两大因素影响。

这一时期，胎儿依赖于母体而生存，母亲的身心健康、营养及宫内环境均对胎儿生长发育有着重要作用。因此，个体的心理健康和心理卫生应从源头抓起，重视妊娠期母体的心身健康和妊娠期保健促进工作，是确保个体心理健康的基础。

（一）妊娠期营养与保健

胎儿期是大脑发育的关键时期，而妊娠期充足的营养、良好的心理状态是保障胎儿大脑发育的重要因素。因此，妊娠期的营养状况，将严重地影响胎儿的健康。因此，孕妇不仅需要重视营养的种类和数量，同时还要合理安排自己的膳食结构，补充足够的蛋白质、维生素B、维生素C、维生素D及钙、磷等促进胎儿脑的发育，防止因营养不良或营养不均衡导致胎儿畸形，如孕妇碘摄入不足，所生婴儿易患克汀病。同时，妊娠期避免烟、酒、药物、辐射等有害刺激，增强身体抵抗力避免感染疾病，尤其在妊娠最初的3个月避免病毒感染。临床研究表明，妊娠最初的3个月孕妇感染风疹、流感、腮腺炎、猩红热等病毒或弓形虫等，容易造成胎儿发育畸形或死胎。

（二）保持积极乐观的情绪

积极乐观的情绪是胎儿生长发育的催化剂。已有研究证明，当母体情绪急剧变化或处于抑郁、焦虑、紧张等不良情绪状态时，儿茶酚胺类激素水平明显升高，导致孕妇心跳加快，血压升高及内环境紊乱，严重影响胎儿大脑的发育，也影响孩子日后情绪的发展。因此，孕妇要清心养性，“耳不闻恶声，目不睹恶事”，尽量避免不良的环境刺激，保持愉快的心情。因此，孕妇应保持稳定的情绪，生活有规律，避免生气，过度狂欢等不良刺激。

（三）胎教

胎教对胎儿的生理和智力发育有明显帮助，成功胎教的实例不胜枚举，为早期开发儿童的潜能做了有益的尝试，但也存在一些争议。国内外有关胎教方法的研究发展较快，其中音乐、语言、爱抚等方法，是临床实践中最常见的胎教措施之一。但胎教训练要注意在心理学家、早期教育专家及妇产科医师指导下进行，避免盲目、过度、违背自然发展规律。

二 儿童期心理卫生（出生～12岁）

儿童期是指生理年龄从0～12岁这一年龄阶段，包括乳儿期、婴儿期、幼儿期、学龄期。这一时期是个体生理、心理发展变化较大、发展较快的时期。儿童期心理卫生有助于儿童心身健康，更对个体健全人格的形成及心理的健康产生重要影响。

（一）乳儿期（出生～1岁）儿童

1. 乳儿期儿童身心特征　乳儿期儿童身心发育是一生中最快的时期之一。神经系统的发育指数呈直线上升；条件反射日益增多并逐渐完善；运动能力已达到可以受意识控制的水平，已经学会了翻身、坐起、爬行、站立、行走，会双手及手眼协调玩玩具，会表达需要和情感。情绪发展从泛化逐渐分化成比较复杂的情绪；对外界刺激是被动、防御性的；对他人的社会性行为出现较早。

2. 心理卫生要点　充足的营养、合理的膳食结构如蛋白质、核酸等促进神经系统发育的营养物质是这一时期生长发育的物质基础。同时，促进孩子心理健全发展应注意下述几项。

（1）满足情感需求：婴儿期是形成亲子依恋、建立安全感的时期，要多与婴儿进行身体接触、拥抱、抚摸，经常对婴儿微笑，满足婴儿的情感需求，为发展以后的人际关系和形成健全的人格奠定良好的基础。

（2）满足婴儿探索世界的需要：1岁以内的婴儿，喜欢咬东西，如咬自己的手、脚及其他能抓到的物品。在保证安全、卫生的前提下，不要对其过分阻止，这是婴儿特有的认识世界的方式。

（3）发展认知活动：经常给婴儿适度的感官刺激，如色彩、光线、声音、触摸等，经常与婴儿进行交流，多说多玩，促进婴儿语言能力和智力的发展。

（二）婴儿期（1～3 岁）儿童

1. 婴儿期儿童身心特征　婴儿期儿童脑重已增至 1000g 左右，相当于成年人（平均脑重 1400g）的 2/3。词汇急速增加；能辨别形状和大小；以无意识记、机械识记、形象记忆占优势；运动功能进一步发展，学会了随意独立行走，各种形式的情绪逐渐形成，意志行动开始发展，表现出强烈的独立行动和愿望；3 岁左右可以表现出某些早期的人格特征，最初的自我意识和最简单的自我评价发生。

2. 婴儿期儿童心理卫生

（1）补充丰富的营养，适时断奶：包括按需定时哺乳；及时添加辅食；注意对婴儿独立进食能力的培养；适时断奶。断奶对婴儿来说是件大事，常因处理不当而对婴儿留下创伤性经验，造成孩子情绪不稳、大哭大闹，或者夜惊、拒食，成人后易患神经症。科学的断奶应有计划地进行，在断奶前 2～3 个月就应添加一些辅食，并逐渐增加辅食的餐次和数量，最后才完全断掉母乳。

（2）良好习惯的培养：一是睡眠习惯的培养。充足的睡眠是保证大脑发育，促进心理健康的重要条件。对婴儿期儿童进行作息训练，正确的睡眠习惯是让婴儿单独自然入睡，而不要拍着、摇着或含着乳头入睡。二是训练孩子自行控制大小便。婴儿期的儿童已逐渐能够自行控制大小便，但也需要成人耐心训练。切勿采取打骂、斥责等方式来训练，这样不但训练过程延长，而且容易造成心理创伤。

（3）通过游戏促进心理发育：游戏是婴儿的基本活动，让婴儿在各项活动中尽量多感知外界事物，训练其听觉和视觉，促进其行为和言语的发展，对诱发儿童思维和想象力很有好处。另外，在逗着孩子玩的时候，不要吓唬孩子，以免造成恐惧情绪。

（三）幼儿期（3～6 岁）儿童

1. 幼儿期儿童身心特征　幼儿期又称学龄前期。此期神经系统进一步发展，脑重已接近 1300g。感知觉更加精细，已能主动地观察事物；由于幼儿的记忆不准确，易将梦中的事与现实事物相混淆，常被误解为说谎；有了较多的语言，语法结构发生了质变。思维出现了简单的逻辑思维和判断推理，有初步抽象思维和创造性想象，模仿力极强，产生参加成人社会实践的愿望，开始自行其是，情绪易变，个性初步出现，称为“第一反抗期”。

2. 幼儿期儿童心理卫生

（1）利用游戏进行教育：游戏是幼儿期的主要活动，是促进幼儿认识、情感和意志发展的重要手段。父母必须抽出一定的时间和孩子一起进行一些创造性游戏、建筑性游戏、教学游戏和活动游戏，促进脑的发育，增进智力。

（2）强化语言发展：幼儿好奇心特别强，又喜欢表现自己的才能，常在成人面前显示自己，好提问题。这时，家长应采取正确的态度，应深入浅出地、用能让幼儿理解的言语给予解释。让孩子既学习了讲话，又增长了知识，培养了兴趣和爱好。

（3）注重行为和人格的塑造：幼儿活动能力逐渐增强，此时要加强培养其独立行为，让其自己学习料理个人卫生，以培养其独立性格，增长知识，锻炼意志，增强解决问题的能力。

（4）注意幼儿的社会化训练：幼儿期是个体社会化发展最重要的时期，为了适应自己所赖以生存的社会环境，应该让幼儿与同伴进行各种各样的游戏、交往，学会合作、谦让、为别人着想、讲礼貌等。学会独立完成各种任务，学会在游戏中扮演各种角色。

（5）培养良好的习惯：自己动手做力所能及的事，如自己穿衣服、刷牙等。养成乐于助人的好习惯，以体现自我的价值。学会独立处理一些简单的人际关系。如在客人面前应顺其自然让孩子自己回答问题，如果孩子出现一些失误，也应以适当方式加以指点。父母不要代替孩子回答客人对孩子提出的问题。

（四）学龄期（6～12 岁）儿童

1. 学龄期儿童身心特征　学龄期儿童神经系统的成熟度已达 97%，一般系统的成熟度达 60%，生殖系统的成熟度只有 15%。行为中最大的变化是从游戏为主的生活过渡到以学习为主的生活。智力发展表现为感知觉更加精细，抽象思维能力迅速发展，有极强的求知欲和想象力；自制力明显增加，情绪变化明显。自我意识逐渐增强，独立性强，个性全面发展，性格可塑性大，注意力易转移，学习不容易专心，意志不稳，易受外界干扰。

2. 学龄期儿童心理卫生

（1）激发学习动机，培养学习兴趣：学龄期儿童具有强烈的好奇心和求知欲，教师要注意安排好学习活动，激发学生的学习动机，培养学生的学习兴趣和坚强的意志，养成自觉学习的良好习惯等。

（2）培养适应能力：学龄儿童入学，要面对陌生的环境、同学和老师，一时难以适应集体生活，要正确处理好这些关系。为了防止儿童入学时适应困难，可在儿童入学前提前改变饮食、起居规律，使之与学校要求一致。家长、教师都要教育儿童热爱学习，热爱学校，向往学校生活。

（3）预防和矫正不良行为：此期儿童的自我控制和调节能力还不完善，辨别是非的能力较差，但模仿力极强，容易受到社会上一些不良现象如说谎、打架、偷窃等的影响，家长和教师应帮助儿童分析社会上存在的各种现象，并给予正确的引导，防止不良行为的发生。对于已经存在的不良行为，家长和学校要做到早发现、早教育，及时纠正，从而促进儿童心理健康发展。

三 青少年期心理卫生（12～18 岁）

青少年期是指从 12～15 岁的少年期和 15～18 岁的青年初期，是个体生理发育、心理发展最关键、最富特色的时期，是从儿童到成年的过渡，是逐渐走向成熟的中间阶段。

（一）青少年期主要的生理心理发展特征

青少年时期是生长和发育的快速阶段。生理方面发生巨大的变化，其身高、体重快速改变。在内分泌激素的作用下，男女少年第二性征相继出现，性功能开始成熟。男性表现为喉结的出现，声音变粗，生长胡须，出现遗精等；女性则出现声音变尖，乳房发育，月经来潮。这时神经系统发育基本完成，第二信号系统作用显著提高。

青少年期的认知活动具有一定的精确性和概括性，意义识记增强，抽象逻辑思维开始占主导，思维的独立性、批判性有所发展，逐渐学会了独立思考问题。同时，自我意识存在矛盾，一方面青少年逐渐意识到自己已长大成人，希望独立，强烈要求自作主张，不喜欢老师、家长过多的管束，喜欢与同龄人集群；另一方面由于阅历浅，实践少，在许多方面还不成熟，经济上不能独立，从而出现独立性与依赖性的矛盾。想象力丰富、思维活跃、容易理想化，出现理想与现实的矛盾。可塑性大，易受外界的影响，情绪容易波动。性意识开始觉醒，产生对异性的好奇、关注和接近倾向，由于社会环境的制约，出现性意识与社会规范之间的矛盾。

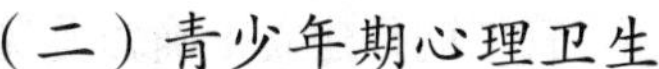

青少年期是个体从儿童过渡到成年，逐步达到生理和心理上成熟的阶段，也是人生发展历程中一个独具特点的阶段。对每一个体来说，都是一生中其他年龄阶段所不能比拟的。尤其是生殖系统，在青春期迅速发育而达到性成熟。这些迅速的发育变化容易在心理上引起骚扰和波动，虽不一定导致严重的异常，但若不及时地给予相应的处理，也会引起麻烦，甚至影响一生的健康、学习、工作和行为，严重者还可能危及家庭和社会。因此，讲究青春期的心理卫生是十分重要的。

1. 促进自我意识的形成与发展　青少年是心理上的“断乳期”，又称为“第二反抗期”。显著的特点就是自我意识的迅速发展。学校应开展青春期的自我意识教育，使青少年能够认识自身的发展变化规律，学会客观地认识自己，既看到自己的长处也看到不足，能客观地评价别人，学会面对现实，从自己的实际出发，确立当前的奋斗目标。

2. 科学地认识和对待性意识　青少年在第二性征发育和性激素的刺激下，性意识逐渐觉醒。开始产生追求异性的需要，可出现性爱、性冲动。因此，应对青少年进行必要的性教育，系统地向青少年介绍科学的性知识，让他们正确认识性生理、性心理的本质，消除性紧张、性困惑、性心理障碍及可能产生的各种错误的观念。

3. 培养情绪调控能力　青少年情绪容易受外界影响，易冲动，易从一个极端走向另一个极端。因此，家长和教师应帮助青少年改变产生消极情绪的错误观念，帮他们有意识地克服消极情绪，培养健康情绪。家长和教师应以中立的态度接受他们的倾诉和宣泄，让他们学会在遭遇挫折或失败时怎样去获得社会支持，以缓解应激。

案例 3-1 分析　王某对考试过度焦虑，已患上“考试焦虑症”（又称考试怯场），这不仅严重影响了她的学习，还妨碍了身心健康，导致低效能。如果不及时对症下药进行纠正、克服，将导致无法正常学习，影响升学。

四 成人期心理卫生

成人期包括青年期、中年期和老年期。

（一）青年期的心理卫生

青年期指 19～35 岁的人生黄金时期。个体拥有公民权利，开始履行相应的社会义务。

1. 青年期身心特征

（1）青年期的生理特点：生长发育完全成熟，第二性征完成，已完全具有繁殖后代的能力，各项生理功能日渐成熟，身体素质的发展进入高峰，脑的形态与功能已趋成熟，生理功能达到一生中的全盛时期。

（2）青年期的心理特点：认知旺盛，好幻想，易脱离实际；情感丰富，但易波动；意志坚强，但易“出格”；自我探索，但易出现自我拒绝。

2. 青年期的心理卫生　青年期是介于青少年与中年期之间的阶段，它是人生最宝贵、最有特色的黄金时期。其生理与心理都已达到成熟，精力充沛，富于创造力，开始走向完全独立的生活，生活中也面临着许多挑战。

（1）加强个人修养，适应社会变化：青年人的生活空间发生很大变化，交往范围也扩大到社会生活的各个方面，面临的人际关系也越来越复杂。因此，加强个人修养，学会与社会上各种各样的人交往，提高人际交往能力，对青年人更快适应社会有重要的帮助。

（2）树立正确的恋爱观和择偶观：正确处理恋爱婚姻问题：青年期是建立正确恋爱观、婚姻观及性道德观的成熟稳定期。因此，应加强对青年人的性健康知识、性伦理道德、恋爱和婚姻观等方面的教育和指导。引导青年人正确处理与异性的关系，对性冲动、性意识有科学的认识和端正的态度，既不放纵，也不压抑。端正恋爱、婚姻观，学习解决婚姻、家庭问题的技巧，正确对待恋爱、婚姻中的挫折。

（3）做好职业规划，促进职业生涯的顺利发展：工作是谋生的手段，也是实现自我人生价值和履行社会公民职责的体现。青年人应根据自己的兴趣、爱好、学习专业领域，做好职业发展规划，选择适合自己的职业，设定人生目标，制订人生计划。同时，青年人要不断完善自己的职业形象，勤学上进努力实现自己的人生抱负。

（二）中年期的心理卫生（35～60 岁）

1. 中年期的身心特征　人到中年，知识仍在积累增长，经验日益丰富，而人体生理功能却在不知不觉中下降。心理能力的继续增长和体力的逐渐衰减，是中年人的身心特点。

进入中年期后，人体的各个系统器官功能逐渐从完全成熟走向衰退。体重增加，身体渐胖，头发逐渐变白变疏，颜面部皮肤渐显粗糙，各种感觉器官的功能开始减退，大脑和内脏器官系统功能也逐步走向衰退。中年期也容易罹患多种躯体和心理疾病。

心理成熟，智力发展到最佳状态，能独立自主地进行观察和思维，能进行逻辑思维和做出理智的判断，具备独立解决问题能力。情绪稳定，能按照客观情境控制和调节自己的情绪和情感。处事待人的社会行为趋于干练豁达，能适应环境和把握环境。能接受批评和意见，并按正确意见调整自己的行为。心理压力明显。

2. 中年期的心理卫生　中年是人一生中经历生活事件最多、压力最大的时期，肩负着家庭和社会的重担，也是心身疾病如消化性溃疡、原发性高血压、冠心病、癌症等的高发时期。因此，中年期的心理卫生十分重要。

（1）量力而行，自我减压：对自己的体力与能力要有正确的认识和估计，要尽力而为，量力而行，许多中年知识分子英年早逝，给社会和家庭造成巨大损失。因此应正确估计自己的精力和能力，合理安排工作和生活，不勉强自己做力不从心的工作，并适当放慢节奏，不可长期超负荷运转。

（2）修身养性，陶冶性情：人生在世，不如意事时有发生，中年人应有更高的修养，淡泊名利，以平和的心态对待工作的变化、职务的升迁。培养业余爱好，如弹琴、下棋、种花、郊游等，陶冶性情，丰富精神生活。

（3）建立和谐人际关系：中年期的人际关系最为复杂，应处理好家庭问题、上下级和同事关系；培养热情开朗、宽容大度、富有责任心等良好个性，克服虚荣、嫉妒、孤僻等不良心理，保持人与人之间的友好交往。

（4）学会放松：在工作紧张和压力过大时，及时进行自我心理调节，要学会放松技术，以利于休息和睡眠。气功、太极拳、放松训练等都有助于消除疲倦和紧张状态。

（5）重视心理咨询，防止心理疾患：中年人心理负荷大，如调适不当，易出现一些身心障碍，甚至身心疾病。因此，中年应重视心理咨询，遇有严重心理紧张而难以自我消除时，应寻求心理帮助，以缓解和消除因此而带来的身心障碍。

（6）注重更年期心理保健：更年期是个体从成熟走向衰老的过渡时期，女性一般为 45～50 岁，男性一般为 55～60 岁。由于生理变化及相应的心理影响，部分人会产生明显的心理反应，甚至发生更年期综合征。此时应正确认识自身的身心变化，保持情绪愉快，学会自我调节和控

制，生活要有规律，注意防治更年期各种疾病。

（三）老年期的心理卫生（60岁～死亡）

老年期是指60岁以后的人生阶段。老年期是机体各系统、各器官功能逐渐衰退和疾病的多发时期，生理上出现退行性变化，退休后应逐渐淡出社会，适应家庭养老生活的改变。

1. 老年期的身心特征

（1）老年期的生理特点：人到老年，机体各部分、各脏器包括大脑在内都会随着年龄增长而逐渐老化，而衰老过程是人们不可避免的自然规律，它将给老年人带来许多不适和烦恼。①形态老化。例如，发白齿落、耳聋眼花、弯腰驼背、行动不便、皮肤多皱。②功能减退。老年人感觉器官退化导致相应功能下降，如视力下降、听力下降、味觉迟钝；内脏器官功能减退，其中肾、心、肺等重要器官的储备能力下降明显，代谢下降、免疫功能低下等，常患有一种或多种慢性疾病。③神经运动功能缓慢。老年人的大脑皮层开始萎缩，整个大脑功能下降，行动变得缓慢、不协调，甚至笨拙。

（2）老年期的心理特点：①情绪改变。有些老人变得多疑善感，容易激动，可为小事而大发脾气，对周围事物总感到看不惯，不称心；有的还固执己见，自以为是，倚老卖老；有的变得郁郁寡欢，苦闷压抑，情绪低落，或是显得淡漠无情，凡事无动于衷。②智力改变。记忆力常有减退，以近时记忆较明显；对空间概念和抽象理解、分析和概括能力都减退，计算能力也会缓慢迟钝，容易出错，新的知识难以吸收。③人格改变。此期个体人格均有所变化，如有小心、谨慎、固执、刻板、多疑、小气等人格特点。也有的人会变得优柔寡断、多疑、依附、生气爱哭；有的人会变得自我、听不进他人意见更加固执。不少老年人沉迷于往事，语言啰嗦、反复重复，但也有些老年人心胸更加开阔、乐观豁达更善解人意。虽然老年人的人格或多或少都会发生某些改变，但人格的基本方面是持续稳定的，而且稳定多于变化。

2. 老年期的心理卫生

（1）正视现实，发挥余热：把退休看作成功生活历程的一部分，对于老年期出现的各种衰退现象，要有思想准备，改变认知，以乐观的态度面对退休后的生活。重树生活目标，追求新的志向和乐趣。不断增进新动机，继续发挥余热，从事力所能及的活动。全社会要为老年人提供发挥余热的机会，使他们对社会有贡献、有作为，有精神充实的愉快感。

（2）培养兴趣爱好：适当的脑力劳动和体育活动，可延缓脑功能和躯体功能的衰退。应多与社会接触，积极参加力所能及的趣味活动，生活要有规律，饮食起居要适当，坚持体育锻炼，力求身心健康。

（3）加强人际交往：离退休后，人际交往的对象会发生明显变化，应在晚年生活中结交新朋友，友爱互助。妥善处理家庭关系，父慈子孝，和睦相处，使老人尽享天伦之乐，有利于老年人健康长寿。

（4）提高健康水平：心身健康是老年人最大的幸福。因此应加强老年医学的研究，特别是对老年人的常见病和多发病的研究，并改善老年人的卫生保健措施，以提高对老年病的防治水平。

（5）创造愉快心境：老年人要善于控制情绪，尽量减少消极悲观情绪。保持乐观的心情，遇难事不急躁；遇急事不惊恐；遇悲事不过分伤心；遇喜事不过于兴奋；凡事不多计较。使其在轻松、愉快、和谐的氛围中生活。老年医学研究发现，长寿老人通常都能做到胸怀开朗，处事热情，善解人意，他们与世无争，感到自己生活很充实、满足。

综上所述，老年人有丰富的经验，更要增强自我意识，确立生存意义。不仅应老有所养，老有所医，也要老有所乐、老有所学、老有所为。

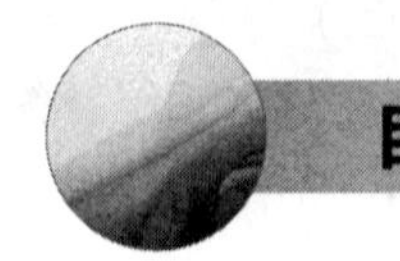

目标检测

选择题

A_1 型题

1. 同时刺激多种感官的游戏和运动，称为
   A. 平衡的有氧运动
   B. 充分的健康教育
   C. 感觉统合训练
   D. 早期语言训练
   E. 学龄前教育
2. 青春期自我意识中的主要矛盾不包括
   A. 理想与现实　B. 学习与恋爱
   C. 原我与超我　D. 独立与依赖
   E. 交往与封闭
3. 开始注重个体心理卫生的最早时期应是
   A. 青少年时期　B. 婴儿期
   C. 幼儿期　D. 胎儿期
   E. 新生儿期
4. 关于婴儿心理健康的维护，不合理的一项是
   A. 母爱与母乳喂养
   B. 适宜的信息与刺激
   C. 培养独立意识
   D. 培养良好行为习惯
   E. 保证充足的睡眠
5. 儿童语言发展的关键期是
   A. 婴儿期　B. 幼儿期
   C. 学龄期　D. 乳儿期
   E. 少年期
6. 促进婴儿心理发展的重要手段是
   A. 爱抚　B. 丰富营养
   C. 充足睡眠　D. 训练和教育
   E. 妊娠期保健
7. 个体自我意识发展的开始时期是
   A. 婴儿期　B. 幼儿期
   C. 学龄期　D. 青春期
   E. 新生儿期
8. 青春期主要的心理特点是
   A. 心理发展走向成熟，又尚未成熟
   B. 自我意识矛盾
   C. 心理代沟
   D. 理想与现实的矛盾
   E. 以上都是
9. 青春期最难应对的问题是
   A. 社会适应　B. 情绪情感
   C. 性困扰　D. 自我意识矛盾
   E. 以上都是

A_2 型题

10. 小欢今年上初一了，特别爱玩电子游戏，经常为完不成作业而发出这样的叹息："我怎么老管不住自己呢？"这表明他
    A. 情绪不稳定
    B. 兴趣太广泛
    C. 自制力差
    D. 缺乏高尚的道德品质
    E. 耐受力差

A_3/A_4 型题

（11、12 题共用题干）

某女，21 岁，大学二年级学生。出身农民家庭，学习用功，在中学时成绩一直很好，父母对其寄予了极大的期望。进入大学后，学习仍很用功，且担心成绩不好，毕业后难就业，对考试成绩看得很重，但考试分数不高，每学期均有不及格的科目。

11. 请问该学生主要的心理问题是
    A. 学习动力不足
    B. 学习动机过强
    C. 考试焦虑
    D. 情境恐怖
    E. 择业焦虑
12. 该学生的心理问题应如何调节
    A. 调整对考试的期望值
    B. 放松训练
    C. 正确看待就业
    D. 增强交往能力
    E. 以上都是

（13、14 题共用题干）

某同学丁，从小脾气急躁，遇事易冲动，

常因一些小事发火，虽事后也后悔，可总是“品性难改”，为此感到很苦恼。

13. 丁同学的问题从心理上说属于
    A. 意识狭隘现象
    B. 人格障碍
    C. 自制力差
    D. 道德品质坏
    E. 情绪障碍

14. 如何矫正丁同学的心理问题
    A. 锻炼意志　　B. 学会克制
    C. 自我暗示　　D. 学会情景转移
    E. 以上都是

（顾红霞）

第 4 章 心理应激与心身疾病

从 20 世纪中期开始，心理应激与应对成为医学心理学的一个重要研究领域。人们逐渐将越来越多的健康问题与心理应激联系在一起。本章主要介绍心理应激与应对方式对维护心身健康，预防和治疗疾病的重要理论和实践指导意义。

第 1 节 心理应激与应对

案例 4-1

小王，某公司年轻职员，平时身体健康，在公司每年例行的体检中，血常规检查发现白细胞异常增高，后经多次复查，确诊为白血病。心身很快被击垮，出现抑郁、焦虑、沮丧、封闭、孤独等心理和行为特征，对康复失去希望，不到半年离世。

问题：以上案例中小王异常的心理与行为属于何种状态？有什么特点？

一 心理应激的概念

应激是加拿大病理生理学家塞里（Selye）首先提出的。他在研究中发现出血、感染、中毒、冷热及心理冲突等，都会产生诸如心搏加快、血压升高、呼吸频率变化等全身的生理生化变化，并将此非特异性反应称为“全身性适应综合征”，即应激反应。随着医学模式的转变，应激已成为人类全面认识健康和疾病的重要组成部分。

对于应激的界定，虽不同学者、理论模型持各自见解，但目前大家普遍认为，应激是个体“察觉”各种刺激对其生理、心理及社会系统构成威胁时出现的整体现象，所引起的反应可以是适应或适应不良。此定义把应激看作一个连续的动态过程，它既包括作为应激源的刺激物，也包括应激反应，还包括有机体与刺激物或环境之间的互动作用。因此，可以从以下几个方面理解应激的概念。

（一）应激是一种刺激物

把应激看作是一种来源十分广泛的刺激物，它包括躯体的、心理的、社会的和文化的四个方面，这些刺激物构成心理应激源。

（二）应激是一种反应

这是由 Selye 的定义发展而来。他认为应激是一种机体对环境需求的反应，是机体固有的，具有保护性和适应性功能防卫反应，从而提出了包含三个反应阶段（警戒期、阻抗期、衰竭期）的一般适应综合征学说。

（三）应激是一种察觉到的威胁

这是 Lazarus 综合了刺激与反应两种学说的要点而提出的。他指出，应激发生于个体处在无法应对或调节需求之时。它的发生并不伴随于特定的刺激或特定的反应，而发生于个体察觉或估价一种有威胁的情境之时。这种估价来自对环境需求的情境及个体处理这些需求的能力的评价，个体对情境的察觉和估价是关键因素。

二 应激理论模式

应激的理论模式就是用来解释说明应激的发生、发展过程及结果的理论体系，可以使人们恰当准确地认识应激。不同领域的学者运用不同的方法，从各自的角度对应激进行了系统的研究，形成了不同的应激理论模式。下面介绍几种近年来影响较大的理论模式。

（一）生理模式

应激的生理模式，又称生理应激理论、一般适应综合征等。加拿大生理学家塞里在他的《各种伤害作用引起的综合征》一书中，首次系统提出了应激的概念，被尊为“应激之父”。他的应激学说被称为“一般适应综合征”。他认为，一般适应综合征可分为三个阶段：①警觉期，又称动员期，表现为肾上腺皮质增大，激素增加，体能迅速增强，个体处于备战状态。②抵抗期，又称适应期，肾上腺皮质激素分泌增加，对各种刺激的抵抗力增加，个体采用各种防御手段，以适应环境的变化，避免受到伤害。③衰竭期，当应激因素超出机体承受范围或持久存在时，机体会丧失抵抗能力转而进入衰竭期，肾上腺增大后衰竭，体内应激资源耗尽，若继续发展，会导致死亡。

（二）心理模式

应激的心理模式有多种，包括过程模式，系统模式等，它们都强调认知评价和应对策略在应激过程中有重要作用。其中有代表性的是认知现象学交互作用模式。该理论认为，当个体认为环境或生活事件对自己构成挑战、威胁或伤害时，才产生应激，个体的认知是应激产生的必要途径。此过程涉及应激源、应激中介、应激反应三个部分（图 4-1）。

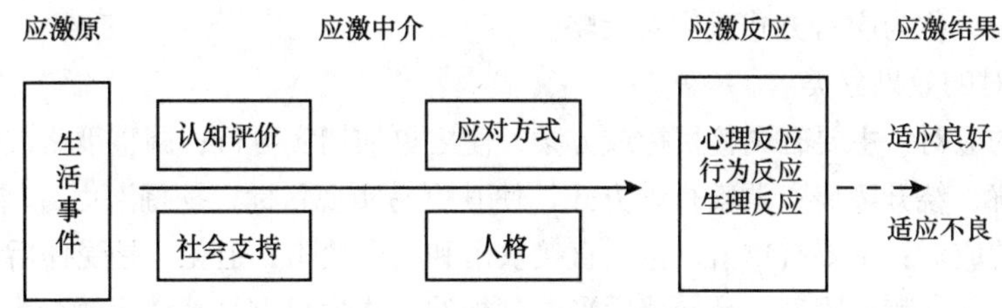

图 4-1　应激过程的心理模式

三 应激源

应激源是指能引起个体产生应激反应的各种刺激，包括具有威胁性的各种内外环境刺激。它能引起个体的稳态失衡，唤起适应性反应。常见的应激源主要包括下述几种。

（一）躯体性应激源

躯体性应激源指作用于躯体，直接产生刺激作用的刺激物，如高温、低温、噪声、疼痛、损伤、病原微生物和疾病等。

（二）心理性应激源

心理性应激源指来自人们头脑的，能引起机体心理失调的某些事件，如人际关系的冲突、工作压力、心理冲突和挫折等。

（三）文化性应激源

文化性应激源指因语言、风俗习惯、生活方式、宗教信仰等文化因素改变所造成的刺激，如迁居异国他乡、语言环境改变、文化不同所产生的不适应等。

（四）社会性应激源

社会性应激源指来自社会方面的刺激因素，如重大的社会政治和经济变动、天灾人祸、战争、婚姻家庭危机、重大生活事件等。

四 应激的中介机制

应激中介是指个体从应激源到产生应激反应的内部加工过程，是应激过程的中间环节。客观刺激能否成为应激源，引起个体产生怎样的应激反应，需要中介因素的参与。在相同刺激的作用下，有的人反应强烈，有的人反应微弱，有的人没有反应，正是中介因素参与的结果。应激中介因素一般分为四个方面，即认知评价、应对方式、社会支持和人格。

（一）认知评价

认知评价是指个体对客观刺激与自身关系做出的价值评判。在认知评价过程中，个体已有的知识、经历、经验会参与其中，影响应激反应，如博物学家面对毒蛇的出现，能应对自如，一般人则不知所措。认知评价策略一般分为下述三种。

1. 否认　不承认应激源的存在，以减轻心理压力。

2. 重新定义　换个角度看问题，如把当前的黑暗看作黎明到来的前奏，“祸兮，福之所倚；福兮，祸之所伏”。

3. 放弃　否认自己原有的价值和能力，放弃已有的信念。

（二）应对方式

应对是指个体为了满足超出自己能力的需求时所做出的努力。应对时所采用的一系列方式、方法、手段，称为应对方式或应对策略。

1. 根据应对的效果分类

（1）积极的应对：主要有调整目标或方案，使之更加切实可行；调整策略或行动路线，使其更易避免干扰，绕开障碍；调整行动方式，使其更易实现目标；挖掘潜力，增加行动努力。

（2）消极的应对：主要有攻击，包括直接攻击和转向攻击；退化，是受挫后产生的幼稚的低龄行为表现，如依赖；固着，是受挫后采取刻板的方式盲目重复某种无效行为；冷漠，是受挫后表现出对于挫折情境漠不关心和无动于衷的一类情绪反应和行为表现；逃避，是个体不敢面对自己预感的挫折情境而逃避到比较安全的环境中去的行为。

2. 根据应对的目标分类

（1）问题集中性应对：是指直接指向应激源，降低应激源发生的可能性或改变应激源的强度。常用的方法包括事先应对和寻求社会支持两种：①事先应对，个体通过事先学习解决问题的策略，提高解决问题的能力，加强社会技能的训练，寻求准确的信息，应对将来可能出现的应激情境；个体还可以学习自我调节的方法，以便有效地阻断应激反应，减轻压力。②寻求支

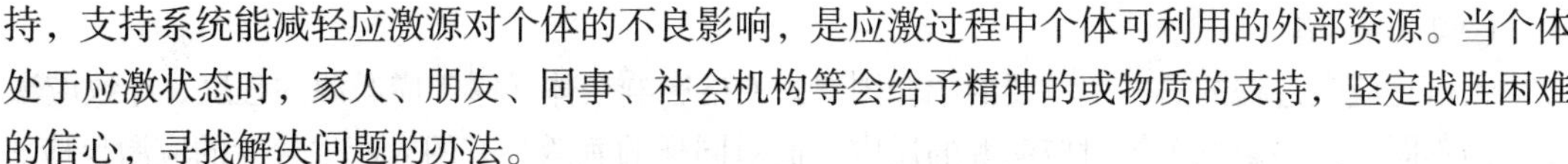

持，支持系统能减轻应激源对个体的不良影响，是应激过程中个体可利用的外部资源。当个体处于应激状态时，家人、朋友、同事、社会机构等会给予精神的或物质的支持，坚定战胜困难的信心，寻找解决问题的办法。

（2）情绪集中性应对：是指以控制应激性情境引起的情绪反应为目的的应对。此法不影响应激源。所用的方法包括重新评价情境、缓解紧张。重新评价情境是通过改变知觉和评价来降低应激，这种应对方法就是重新评价情境或认知性再评价。缓解紧张是指设法直接减轻应激引起的生理唤起及其症状。最常用的方法是放松，可以有最大的积极应对效果。还可进行体育锻炼、按摩、幽默法及使用药物镇静。

链接

常用的心理防御机制

心理防御机制是弗洛伊德提出的心理学名词，是精神分析理论中的一个重要概念，是指自我对本我的压抑，这种压抑是自我的一种全然潜意识的自我防御功能。心理防御机制是指个体面临挫折或冲突的紧张情境时，在其内部心理活动中具有的自觉或不自觉地解脱烦恼，减轻内心不安，以恢复心理平衡与稳定的一种适应性倾向。常用的心理防御机制有以下几种。

（1）压抑：是基本的心理防御机制，指个体把不能被社会所接受的情感抑制到潜意识里去，防止这些念头影响自己的心境，保持心理平衡。

（2）退行：当个体遇到挫折或困难时，放弃成熟的应对方式，采用幼稚的方式应对困境。如成年人伤心时会哭泣，以减轻内心的不安与焦虑。

（3）转移：由于受到生理的、心理的或社会条件的制约，个体无法将情绪、行动意向直接指向应激源，而是转移到另一个替代者身上，如迁怒于人就是转移。

（4）合理化：也称文饰作用，指个体遭受挫折后，给自己的行为寻找合理的理由，来摆脱痛苦，达到心理平衡。合理化常有两种变现，一是“酸葡萄效应”，把得不到的说成不好的；二是“甜柠檬效应”，把得到的说成比没得到的更好。

（5）反向：由于社会规范的约束，个体无法将潜意识的欲望直接表达出来，而是以相反的方式表现出来。例如，心里很喜欢一个人，嘴上却说，“你真讨厌”。

（6）否认：指个体不能接受应激事件所带来的痛苦，不承认事实的存在，以减轻焦虑和痛苦，如癌症患者否认医生的诊断。

（7）升华：个体将不被社会接受的动机、欲望导向能被社会接受认可的目标和方向上来，如有杀人动机的人在战场上可以成为战斗英雄。

（8）幽默：当个体处于不利情境时，采用幽默滑稽的语言或行为打破窘境的防御机制。

（三）社会支持

社会支持是人们可以感知到的、客观存在的人与人之间的亲密关系，是帮助别人的行为或过程，是个体有效应对的潜在资源。有关研究表明，社会结合程度低的个体，身心健康水平较低，死亡率较高。社会关系较孤立的个体，更易患精神疾病、结核病，更易发生意外事故。社会支持与应激引起的身心反应呈负相关，具有减轻应激反应的作用。

我国学者肖水源将社会支持分为三类：一是客观的或可见的物质上的直接帮助、社会团体或机构的参与；二是个体主观体验到的被支持、理解和尊重的情绪体验和满意程度；三是个体遭遇生活事件时，可以利用的支持和获得帮助的程度。

个体获得社会支持可以来源于国家政策法规明确的社会支持，如国家支持、社区组织或民间组织的支持；也可以来源于有直接关系的社会支持，如来自家庭、朋友、同事、同学的支持等。

（四）人格

人格是应激过程的另一个重要的中介因素。人格影响个体暴露于应激源的程度，导致应激反应的不同。人格影响个体对应激源的反应。面对同样的刺激，有的人产生较少的应激反应，有的人产生较多的应激反应。

人格影响认知评价，进而间接影响应激反应，如焦虑水平高的人会把正常情境评价为威胁或攻击，外向型的人则不会把生活中小的应激源看作应激源。人格有缺陷的个体会因为存在的认知偏差导致对外界刺激的评价产生偏差。人格也影响社会支持，间接影响客观社会支持的形成，影响对社会支持的感知及对社会支持的利用水平。

五 心理应激反应

应激反应是指当个体觉察到应激源的存在对自己构成威胁时，通过中介机制的作用而产生的生理、心理和行为方面的反应。

（一）生理反应

1. 交感-肾上腺髓质系统　该系统是最早参与应激反应的系统之一。坎农通过对动物的研究发现，当机体处于应激状态时，刺激引起的神经冲动被传递至下丘脑，使交感-肾上腺髓质系统产生兴奋，释放大量儿茶酚胺，肾上腺素和去甲肾上腺素的分泌增多，中枢神经系统的兴奋性提高，机体处于警醒状态；心跳加快，改善了周围组织器官的血液供应量；糖原和脂肪快速分解，向组织细胞提供更多的能量，引起心理、躯体和内脏的功能改变。

2. 下丘脑-腺垂体-靶腺轴　下丘脑肽能神经元分泌的神经肽调节着腺垂体的活动，肽能神经元的活动又受制于脑内神经递质和体液中性激素、肾上腺皮质激素等。腺垂体则起着上连中枢神经系统，下接靶腺的桥梁作用。肾上腺皮质是腺垂体的重要靶腺之一，在应激状态下，下丘脑、腺垂体、肾上腺皮质轴活动增强，同时抑制葡萄糖的消耗，使血糖升高。有时盐皮质激素的增加，也会引起血容量的增加。

3. 免疫系统　当个体长期处于应激状态下，会损害人的免疫系统。神经系统调节儿茶酚胺、阿片样物质作用于免疫细胞的受体，影响免疫细胞的合成与释放。同时，下丘脑通过垂体释放促肾上腺皮质激素并伴随β-内啡肽的分泌，作用于淋巴细胞表面的受体，影响免疫功能。

（二）心理反应

1. 认知反应　应激状态下，个体的认知反应可分为积极反应和消极反应。个体通过认知评价对应激源做出判断，如果应激源是短期的、可以预期、可以控制的，个体会做出积极的应激反应，大脑皮质得到适度唤醒，注意力集中，观察细致，思维活跃，个体能发挥自身潜能，正确选择应对策略，从而做出有效应对。如果应激水平较高或持续时间较长，个体会产生消极应激反应，发生过度的生理唤醒和情绪唤醒，导致自我评价、注意力水平、回忆能力的下降，个体不能正确判断情境和自己的行为后果，无法正确选择应对方法。

2. 情绪反应　当面对应激时，在认知的参与下，个体会产生积极的或消极的情绪反应。常见的情绪反应有快乐、兴奋、激动、焦虑、抑郁和恐惧。情绪反应与刺激的强度和持续时间有关。如果应激源的强度高或持续存在，情绪反应也会持续存在，个体会出现焦虑、恐惧、抑郁、无助等消极情绪，并伴随疲劳、痛苦的体验。当应激源消失后，情绪反应一般也会消失。相关研究表明，适度的情绪反应能提高个体的唤醒水平，以便有效地应对应激源。过度的情绪反应会导致认知范围缩小、抵抗力下降、自我评价降低等。

（三）行为反应

当应激源给个体的生理心理造成威胁时，个体会采取相应的行动以减轻或消除这种威胁，即行为反应。应激状态下的行为反应有“战”或“逃”两种表现。“战”是指个体认为自己有能力解决问题而积极应对，也可能出现与情绪有关的攻击行为。“逃”是指个体认为自己无能为力时表现出来的回避行为，可能是远离应激源，或用饮酒、滥用药品等减轻压力，避免受到伤害。另外，在应激状态下，有的个体对应激源有较清晰的认知，出现不“战”、不“逃”的行为，如归顺、讨好等。

案例 4-1 分析 小王突患白血病是负性生活事件，导致其产生严重的心理应激，强烈的应激反应通过心理神经免疫机制影响白血病的发生和发展，加重了病情的发展。

第2节 心身疾病

一 心身疾病概述

（一）心身疾病的概念

心身疾病，又称为心理生理疾病，包括狭义和广义的概念。狭义的心身疾病是指心理社会因素造成的一类有病理形态学或生化改变的躯体疾病，如原发性高血压、支气管哮喘等，强调病理学和生化的临床改变。广义的心身疾病是指心理社会因素在其发病过程中起重要作用的躯体疾病或障碍，这些躯体疾病或障碍可以有也可以没有病理形态学的改变，如心因性阳痿、心因性厌食即为没有病理形态学改变的情况。

（二）心身疾病的特点

1. 以躯体症状为主，有明确的病理生理过程。
2. 某种个性特征是疾病发生的易患素质。
3. 疾病的发生和发展与心理社会应激（如生活事件）和情绪反应有关。
4. 生物和躯体因素是某些心身疾病的发病基础，心理社会因素通常起“扳机”作用。
5. 心身疾病通常发生在自主神经支配的系统和器官。
6. 心身综合治疗比单用生物学治疗效果好。

（三）心身疾病的分类

根据美国心理生理障碍学会制订的心身疾病的分类如下。

1. 皮肤系统的心身疾病有神经性皮炎、瘙痒症、斑秃、牛皮癣、慢性荨麻疹、慢性湿疹等。
2. 骨骼肌肉系统的心身疾病有类风湿关节炎、腰背疼、肌肉疼痛、痉挛性斜颈、书写痉挛。
3. 呼吸系统的心身疾病有支气管哮喘、过度换气综合征、神经性咳嗽。
4. 心血管系统的心身疾病有冠状动脉粥样硬化性心脏病、阵发性心动过速、心律不齐、原发性高血压或低血压、偏头痛、雷诺病。
5. 消化系统的心身疾病有胃、十二指肠溃疡、神经性呕吐、神经性厌食、溃疡性结肠炎、幽门痉挛、过敏性结肠炎。
6. 泌尿生殖系统的心身疾病有月经紊乱、经前期紧张症、功能性子宫出血、性功能障碍、原发性痛经、功能性不孕症。
7. 内分泌系统的心身疾病有甲状腺功能亢进症、糖尿病、低血糖、肾上腺皮质功能不全。

8. 神经系统的心身疾病有痉挛性疾病、紧张性头痛、睡眠障碍、自主神经功能失调症。

9. 耳鼻喉科的心身疾病有梅尼埃病、喉部异物感。

10. 眼科的心身疾病有原发性青光眼、眼睑痉挛、弱视等。

11. 口腔科的心身疾病有特发性舌痛症、口腔溃疡、咀嚼肌痉挛等。

12. 其他与心理因素有关的疾病有癌症和肥胖症等。

二 心身疾病的诊断与防治原则

（一）心身疾病的诊断要点

1. 明确的躯体症状。

2. 寻找心理社会因素并明确其与躯体症状的时间关系。

3. 排除躯体疾病和神经症的诊断。

（二）心身疾病的诊断原则

心身疾病的诊断要兼顾到患者的身体、心理和社会三个方面，不但要做出躯体水平的诊断，还要做出心理和社会层面的诊断。

1. 病史的采集　对疑有心身疾病的病例，在采集临床病史的同时，应该特别注意收集患者的心理社会方面的资料，如了解个体的成长史、家庭情况、人际关系、生活事件、人格特点等方面，从中初步寻找与心身疾病发生发展有关的一些因素并注意分析这些因素和心身疾病发生之间的联系。

2. 体格检查　采用医学诊断学的技术和方法，对患者进行全面的体格检查。注意体检时患者的心理行为反应方式，有时可以从患者对待体检的特殊反应方式中找出其心理素质上的某些特点，如是否过分敏感、拘谨等。

3. 心理行为检查　结合病史材料，采用晤谈、行为观察、心理测验及心理生理学检测等方法，对致病的心理社会因素、主导的情绪状态、人格特点、应对资源及心理问题的性质和特点等进行评估，以确定心理社会因素的性质、内容在疾病发生、发展、恶化和好转中的作用。

4. 综合分析　根据以上收集材料，结合心身疾病的基本理论，对是否心身疾病、何种心身疾病、由哪些心理社会因素在其中起主要作用和可能的作用机制等问题做出恰当的评估。

（三）心身疾病的治疗原则

心身疾病应采取心、身相结合的心、身同治原则治疗，但对于具体病例，则应各有侧重。心理疾病的治疗要兼顾到患者的生物学和心理社会诸方面。一方面要采用有效的生物医学手段处理躯体水平上的病理过程，涉及临床专业知识与技术；另一方面必须在心理和社会水平上加以干预或治疗，涉及医学心理学的知识与技术。心身疾病的治疗，要始终坚持心身兼顾、双管齐下的原则。对心身疾病实施心理治疗主要围绕以下三种目标。

1. 消除心理社会刺激因素，消除应激的来源，增强患者的应对能力。

2. 消除心理学病因，如对冠心病患者，在其病情基本稳定后指导其对 A 型行为和其他冠心病危险因素进行综合行为矫正，帮助其改变认知模式，改变生活环境以减少心理刺激，从而从根本上消除心理病因，逆转心身疾病的心理病理过程，使之向健康方面发展。

3. 消除生物学症状。主要是通过心理学技术直接改变患者的生物学病理症状，提高身体素质，促进疾病的康复。例如，采用长期松弛训练或生物反馈疗法治疗高血压患者，能改善循环系统功能，降低血压。

第 3 节　心理社会因素与心身疾病

一　情绪与心身疾病

心理应激的情绪反应会造成机体的心理生理变化，当机体的生理变化超过机体所能适应的限度时，便会导致身体损伤，使人罹患各种心身疾病。各种恶性生活事件，如亲人的亡故、离婚、财产的重大损失等心理刺激物，均会引发消极的情绪或心理应激，成为致病因素。

一般情况下，人类的正性情绪和负性情绪都是适应环境的正常心理反应，当社会刺激是个体所能承受的或经过调整能够应对时，由刺激带来的情绪对个体的躯体健康不会有太大的影响。但是当应激源太强，使个体产生持久的愤怒、焦虑、悲伤、抑郁等负性情绪时，会使个体的心理失衡，引起神经功能失调，则易造成生理功能紊乱，导致心身疾病的发生。一般认为心理上的丧失感，对于健康的危害最大。这种丧失感可以是具体的事或物，如亲人死亡等；也可以是抽象的丧失感，如工作的失败等，其中尤以亲人（如配偶）死亡的影响更大。有些研究工作者指出，丧失或亲人死亡能引起个体产生一种绝望和无援的情绪反应，此时个体难以从心理和生物方面应付环境的需求。

20 世纪 60 年代以来，通过流行病学调查、动物实验和临床观察的研究，已表明消极的情绪状态对疾病的发生和发展，病程和转归都起着不良作用。流行病学的研究指出，心理紧张刺激与高血压、溃疡病、脑血管意外、心肌梗死、糖尿病、癌症等发病率的增高有一定的关系，因为情绪影响机体的免疫力。现代医学认为，良好的情绪可使机体生理功能处于最佳状态，使免疫抗病系统发挥最大效应，抗拒疾病的袭击。许多医学家认为，躯体本身就是良医，85%的疾病可以自我控制。另外情绪可以治疗或导致疾病，心理学家研究发现，人在激动时皮肤会潮红发热，在紧张或愤怒时皮肤会苍白冰冷。人的情绪如果发生剧变，还可导致皮肤过敏，甚至会因此而影响到毛发。同时愉快喜悦等正确情绪还可以使得伤口加快愈合，促进疾病痊愈。同时情绪可以改变内分泌和神经系统功能，影响精神健康，经常紧张忙碌、不顺心会使人体出现失眠、脱发、甚至神经衰弱等系统失调的症状。如果受到强烈、突然或持久的精神打击会引起精神障碍。

案例 4-1 分析　抑郁的情绪导致小王的免疫力下降，加速了癌细胞的生长和扩散，缺乏社会支持也加速了病情的恶化进程。

二　人格与心身疾病

人格特征影响着个体对应激源的认知体验、应对方式的选择和应用。临床上，患者的人格特点和行为方式与疾病有着密切的联系，它既可作为许多疾病的发病基础，又可改变疾病的过程。患者对待某种疾病的态度及其与人格有关的反映方式，可影响疾病的转归。

精神分析学家 Dianbar 认为，至少 8 种疾病和人格特征有关，如冠状动脉栓塞、高血压、心绞痛、心律失常、糖尿病等。1976 年，美国学者将 182 名受试者按行为类型分为 A、B、C 三类，随访观察 16 年，研究了人格特征与患病率之间的关系。结果发现，具有 C 类人格患癌症者较多，A 类人格患心血管疾病较多，B 英人格与 A 类相反，不易患心血管疾病。

人格特征对心身疾病的影响具体表现在以下几个方面。

1. 决定个体的行为类型，影响个体的生活方式和生活习惯。

2. 影响个体对各种应激的认知评价，从而影响个体产生不同的心理和生理反应。

3. 影响个体对应激的应对和心理防御机制的选择，从而影响个体的适应能力和应对效果。

4. 影响个体的人际交往能力，从而影响个体的社会支持力量和社会支持的力度。

人格影响着个体对生活事件的认识和评价，决定着人对外界不良刺激的应对方式，是一个人应对能力的重要组成部分，同时也会影响个体得到社会支持的质和量，进而影响心身疾病的发生与发展。对于内向型性格的人来说，生活事件与躯体疾病之间的相关系数为0.64；而对外向型性格的人，其相关系数仅为0.33，两者之间差异极为显著。

链接

人格特征与冠心病

流行病学调查表明，冠心病患者多数具有A型行为类型，其比率明显高于其他行为类型。A型行为类型者不仅易患冠心病，而且其临床表现和并发症也比较严重。1983～1984年有学者用Herman与Friedman等标准随机对各种职业的3661人进行人格类型与冠心病相关性调查，结果发现，冠心病239例，总患病率为7.1%。其中A型与B型人格（以性情温和、言语与动作节奏较慢，缺少竞争行为特征）的冠心病患病率分别为9.36%与3.7%，A型者为B型者的2倍以上。Buell指出A型性格的人遇不良情绪应激，尤其是压抑、愤怒时，就构成A型行为，表现出恼火、激动、发怒和急躁。A型行为模式与冠心病的发生有明显的关系。

三 社会环境与心身疾病

20世纪以来，工业化生产和都市化给自然环境和社会环境带来了很大的变化，科学技术的进步，生活节奏的加快必然会给人们的心理造成压力，影响到人类的健康。社会环境的变化对生活在其中的个体影响尤为巨大，个体不得不根据从社会环境所获得的信息调整自己的心理、生理功能及行为，使之适应社会的要求，但是个体根据一定的外部社会信息所做的适应性反应并不总是成功的，一旦适应行为失败，必然在人们的心理上造成不良的影响，引起冲突和困扰，进而引起机体的应激反应，破坏机体的稳定平衡，最终导致疾病的发生。人降生后总要属于某一社会，成为社会的成员，其身心总要受到其所处社会环境因素的影响。1938年，英国内科医生Donnison以自己的经历撰写了一本名为《文明与疾病》的书。当他在肯尼亚的一个部落当医生时，在他医院中住院的患者中，竟然没有一例高血压。经过深入研究后，他认为，他所工作的地区是传统的非洲社会，文化环境稳定，人们对这里的社会环境很适应，很少产生心理紧张，所以高血压少见。他认为当地的社会文化因素是高血压发病率低的主要原因。

四 几种常见的心身疾病

（一）原发性高血压

高血压是以体循环动脉压增高为主要表现的临床综合征，长期高血压可影响心、脑、肾等器官的功能，最终导致器官功能衰竭，它是最常见的心血管疾病，是危害人类健康的最严重的疾病之一。

1. 原发性高血压患者的心理反应

（1）焦虑：患者常因病程长、变化复杂、无法根治、血压波动不稳而焦虑。

（2）猜疑：患者由于疾病的复杂性和不稳定性，内心缺乏安全感、顾虑重重，敏感多疑，对周围人的言行特别注意，比较敏感。

（3）恐惧：由于高血压可引发脑出血、半身不遂等并发症，患者对可能丧失生活自理能力而恐惧。

2. 原发性高血压患者的治疗原则

（1）缓解心理应激源：应客观评估患者的心理状态及其影响因素；了解患者对应激源的认知评价；指导患者正确应对心理应激的方法。

（2）指导患者实施自我心理护理：由于高血压病程漫长，容易受心理因素的影响，所以教会患者进行自我心理护理，学会自我心态调节非常重要。包括以下几点：提供疾病的防治知识，建立对疾病的正确认知；告诉患者乐观的性格和平和的心态对疾病的积极影响，教会患者情绪调控的方法；指导患者养成良好的生活习惯，合理安排工作和休息，适当进行活动，稳定血压。

（二）冠心病

1. 冠心病患者的心理特征

（1）焦虑、恐惧：焦虑是冠心病患者最主要、最普遍的心理反应。患者神情紧张、不敢外出和活动，担心是否会产生心绞痛、心肌梗死或猝死等严重后果，害怕死亡突然降临。

（2）抑郁：不仅给患者带来心理上的影响，也带来生理上的改变。抑郁发生原因可能是患者担心疾病反复发作；不知道如何自我护理；担心收入减少，地位改变，甚至丧失工作能力，对将来的工作和生活失去信心。

（3）依赖药物：一些患者对药物的依赖心理较重，认为只要坚持服药，疾病就会好转，忽略其他心理因素对疾病的影响。

2. 冠心病患者的治疗原则

（1）纠正不合理认知：主要是针对冠心病疾病本身的不合理认知。

（2）实施行为矫正：评估行为类型并学会自我控制；行为训练放松心身，如学习放松训练；对情绪的波动及反应进行记录，深刻认识情绪对冠心病的危害。

3. 正确的健康指导　指导合理的饮食、戒烟戒酒、保证睡眠、注意劳逸结合、避免情绪波动、减少诱发因素。

（三）支气管哮喘

支气管哮喘是慢性气道炎症，在易感者中可引起反复发作的喘息、气促、胸闷和（或）咳嗽等症状，多在夜间和（或）凌晨发生。近十余年来，哮喘的患病率和死亡率呈上升趋势，已成为严重威胁公众健康的一种主要慢性疾病。

1. 支气管哮喘患者的心理特点

（1）紧张、焦虑：由于哮喘发作时，发病突然，症状明显，不适感强烈，患者对疾病通常缺乏足够的了解和心理准备，易产生紧张、焦虑的情绪反应。

（2）烦躁、恐惧：哮喘多在夜间发生，不明原因，缺乏准备。患者感觉呼吸困难、胸闷气促、被迫坐位、张口呼吸，支气管舒张药效果不佳，只能等待症状自行缓解，导致患者产生焦躁和恐惧。

2. 支气管哮喘患者的治疗原则

（1）发作期：应陪伴在患者身边，让患者感到安全，通过言语和非言语技巧为其提供心理支持。

（2）缓解期：了解发作诱因，增加自我调控性；提供针对性的心理护理，如情绪疏导；指导患者自我护理，如记录每次发作的时间、轻重程度、有无诱发因素，以便主动采取措施减少发病次数。

（四）消化性溃疡

胃溃疡和十二指肠溃疡总称为消化性溃疡，简称溃疡。消化性溃疡是消化系统疾病中的常见病，在人群中的发病率较高，且呈上升趋势。

1. 消化性溃疡患者的心理特点

（1）焦虑：因为患者常在进食前后出现疼痛，表现出紧张、焦虑的情绪，严重者因害怕进餐后疼痛出血而惶恐不安。

（2）抑郁：溃疡是慢性病，具有久治不愈和反复发作的特点。患者常因疾病发作的不可控性和迁延性而郁郁寡欢。

（3）恐惧：当患者发生剧烈腹痛时，常担心胃穿孔、消化道出血或出现病情的恶化，因此精神紧张，恐惧。

2. 消化性溃疡患者的治疗原则

（1）指导调节情绪：研究证明，精神紧张、焦虑、恐惧等不良情绪是导致消化性溃疡的重要心理因素。不良情绪使得胃酸分泌量增加，酸度增高，胃部运动发生变化。应使患者了解情绪与疾病之间的关系，学会情绪自我调节的方法。

（2）提供心理支持：注重与患者建立和谐的护患关系，耐心倾听患者的压力与烦恼，通过语言和非语言技巧鼓励与安慰患者，随时准备为患者提供心理支持。

（3）加强健康指导：消化性溃疡是一种典型的心身疾病，患者通常具有特定的人格特点，表现为孤僻、好静、过分思索、事无巨细、苛求井井有条、情绪易波动、不良情绪常受压抑。应指导患者保持平和心态、克服不良性格、坚持科学饮食、遵从医嘱用药，有效防止疾病的复发及并发症的发生。

（五）糖尿病

糖尿病是一种难以治愈的终身性疾病，临床上以高血糖为主要症状，典型病例可出现多尿、多饮、多食、消瘦等表现。随着病程的发展还会出现多种并发症，导致足病（足部坏疽、截肢）、肾病（肾衰竭、尿毒症）、眼病（视物模糊、失明）、脑病（脑血管病变）、心脏病、皮肤病、性病等，最终导致患者死亡。

1. 糖尿病患者的心理特点

（1）负性情绪：因糖尿病无法治愈，可能导致的并发症遍及全身，患者一旦被确诊，通常出现焦虑、恐惧、悲伤及失望等负性情绪。

（2）怀疑、拒绝：有些患者因早期症状较轻或无症状，对疾病没有正确的认识，从而否认或拒绝治疗；大部分糖尿病患者是中年人，不愿意改变原有的饮食习惯和生活方式，内心不愿接受得病的事实，因而拒绝治疗。

（3）厌世：糖尿病病程迁延，疾病长期处在只能控制，不能根治的阶段，且随病程发展，机体多系统受到累及，产生较严重的并发症，患者常对治疗失去信心，易产生厌世的情绪。

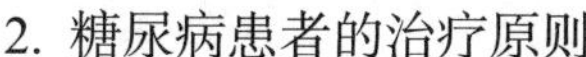

2. 糖尿病患者的治疗原则

（1）情绪疏导：应注意对糖尿病患者的情绪疏导，情绪波动与血糖的变化密切相关。具体的情绪疏导方法有真诚交流、鼓励患者倾诉、转移注意力、及时提供积极信息等。

（2）健康教育：普及疾病的预防和保健知识，指导患者进行自我护理，包括对糖尿病的知识、用药知识、饮食管理、生活习惯、心理调节等内容的宣传和指导。

（3）病友交流：加强病友的交流，有助于丰富患者的生活，帮助患者尽快适应患病后的改变，接受来自病友的积极暗示，共同提倡健康的生活方式和乐观向上的心态。

（六）恶性肿瘤

恶性肿瘤因不易觉察、得病突然、病情严重、难以治愈、容易复发和转移，结果常导致患者痛苦地离世，使得患者在确诊后出现明显的心理紊乱（恶性肿瘤患者的心理变化见第6章第4节）。

1. 癌症患者的心理特点

（1）发现期：当患者自觉与癌症有关的一些症状时，患者表现出恐惧和侥幸并存的心理，一方面害怕被诊断为恶性肿瘤，另一方面又存在“不可能如此严重”的侥幸心理。

（2）确诊期：多数患者在确诊之初表现出恐惧的情绪，出现心慌、眩晕，甚至昏厥的反应；不愿意相信自己患癌症的事实，出现“否认”心理；一旦被多方确诊，患者可出现愤怒的情绪，伴有攻击性行为，有时则出现沮丧悲观心理，甚至绝望轻生；随着时间的推移，患者不得不接受事实，情绪日渐平静，但可长期出现抑郁和悲伤的情绪，希望能从家属和医护工作者那里得到精神上的支持和安慰。

（3）治疗期：因各种治疗和病情变化而导致的不同的心理反应，如采用手术治疗的患者可出现手术前后的心理特点。

2. 癌症患者的治疗原则

（1）慎重告知患者诊断：癌症患者容易接受心理暗示，疗效与病情变化受情绪因素很大。应事先征得家属同意，慎重决定是否告知及如何告知患者真相，减少对患者的打击。

（2）纠正患者对恶性肿瘤错误认知：其实就是纠正患者的“恶性肿瘤就是等于死亡”的错误认知。例如，近年来随着医学发展，恶性肿瘤患者的5年生存率明显提高。帮助患者了解与疾病相关的正确信息，使患者接受现实，配合治疗。

（3）协助行为矫正：癌症患者通常具有病前性格，即C型行为类型特点，表现为情绪不稳，易产生焦虑、紧张、抑郁的情绪，且情绪很难平静下来，过分压抑克制。应使患者认识到不良性格的危害性，指导其加以矫正。

（4）积极心理暗示：应善于运用暗示性语言，关注疾病治疗的点滴成效，强化患者的生存意识，加强信心与期望。另外，合理使用安慰剂效应可减轻患者的疼痛。

（5）自我放松训练：学会放松，使患者消除心理紧张，缓解压力，调动机体抵抗力，促进疾病的康复。主要包括冥想法、气功、生物反馈法等。

（6）强化社会支持：癌症患者承受巨大的心理压力和躯体痛苦，非常需要来自医护人员、家属、同事和朋友的心理支持，应全面调动患者的社会支持系统的力量，引导患者树立乐观的生活态度。

（7）重视榜样作用：病友的榜样作用和积极暗示，可以为癌症患者抗击癌症带来巨大的精神力量。应努力营造积极的治疗氛围，促进病友交流，组织“抗癌明星”座谈会，强化患者战胜疾病的信心，提供心理安慰和支持。

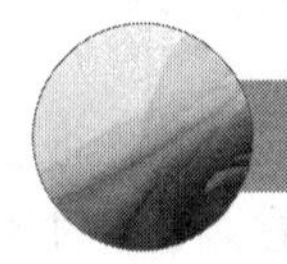

目标检测

选择题

A_1型题

1. 同样的应激源对于不同的个体会产生
   A. 相同的反应　B. 不同的反应
   C. 类同的反应　D. 积极的反应
   E. 消极的反应
2. 出现在应激源反应中不同的原因是因为个体对应激源的
   A. 体质不同　B. 认知评价不同
   C. 敏感度不同　D. 反应强度不同
   E. 文化程度不同
3. 在应激中消极性最小而积极性最高的是
   A. 损害-丧失　B. 挑战
   C. 危险　D. 敌对
   E. 嫉妒
4. 明显与心理因素相关的躯体疾病是
   A. 癔症　B. 反应性精神病
   C. 疑病性神经症　D. 疼痛
   E. 心身疾病
5. 关于心身疾病，下列提法错误的是
   A. 属于心理生理障碍
   B. 心理治疗以森田疗法最为适宜
   C. 主要是受自主神经支配的系统或器官
   D. 由情境因素引起，以躯体性症状为主要表现
   E. 症状的波动与心理因素特别是情绪因素密切相关
6. 某些疾病其发生、发展、转归与防治都与心理应激因素密切相关，这一组疾病称为
   A. 精神疾病　B. 躯体性疾病
   C. 社会疾病　D. 心身疾病
   E. 流行疾病
7. 在发病原因上与 A 型行为性格相关的疾病是
   A. 消化性溃疡　B. 神经症
   C. 结肠癌　D. 冠心病
   E. 哮喘
8. 按照心身医学的观点，下列疾病中属于心身疾病的是
   A. 精神分裂症　B. 抑郁症
   C. 消化性溃疡　D. 大叶性肺炎
   E. 精神发育迟滞
9. 在患者常见的心理问题中，常表现为行为与年龄社会角色不相符合，退回到婴儿期，此时患者的心理状态被称为
   A. 焦虑　B. 回避　C. 猜疑
   D. 愤怒　E. 退化
10. 心身疾病的治疗原则不包括
   A. 药物缓解症状　B. 自我心理调节
   C. 矫正不良习惯　D. 不间断发泄
   E. 心理护理
11. 关于心身关系，你认为最正确的是
   A. 心身一元论　B. 心身统一论
   C. 神灵支配论　D. 心身还原论
   E. 心身平衡轮
12. C 型行为的人容易患的躯体疾病是
   A. 冠心病　B. 脑出血
   C. 慢性结肠炎　D. 甲状腺功能亢进
   E. 癌症

A_2型题

13. 布雷迪曾做过这样的实验，两只猴子各坐在自己被约束的椅子上，每隔一定时间给椅子通一次电，其中一只（A）猴子能自己断电而避免被电击，另一只（B）猴子则不能，最终的结果是
   A. A 得了溃疡病　B. B 得了溃疡病
   C. AB 均得了溃疡病　D. AB 均未得病
   E. AB 均得了高血压
14. 某患者，竞争意识强，总想胜过他人，总觉得时间不够用，说话快，走路快，脾气急躁，容易激动，常与他人的意见不一致，其行为类型属于
   A. A 型行为　B. B 型行为
   C. C 型行为　D. D 型行为
   E. 以上均不是
15. 某女高中生，其母亲因心脏病突然病故，一年后父亲又与一女性再婚。她感到很失落，很沮丧，这些重大的生活事件给她带来的打击引起了她其后三年多的日常烦

恼，这些重大生活事件构成的是

A. 应激效应　　B. 打击效应

C. 激活效应　　D. 余波效应

E. 困扰效应

16. 某中年技术员在一家公司上班，工作环境温度高，噪声较大，工作负荷也很大，班组的人际关系复杂，因得不到上司的赏识迟迟未能晋升，给他的心身健康带来很大的压力，他所面对的应激源是

A. 日常生活性应激源

B. 职业性应激源

C. 环境性应激源

D. 内源性应激源

E. 沟通性应激源

17. 在现代社会中，成年人主要把精力消耗在工作中，他们在工作和事业中因政策或政策的执行问题，导致很多有关的应激源，这些应激源不包括

A. 组织的结构与气氛

B. 社会环境的意外

C. 职业性人际关系

D. 个体在组织中的角色和负责程度

E. 个人职业经历

A_3/A_4 型题

（18、19 题共用题干）

一位外科医生在对术前患者的谈话中，解释了手术的过程，手术中的危险及术后可能出现的问题，同时又要患者不必把手术的危险性看得太严重，多想手术的积极意义，有利于病灶的切除和身体的康复，并教会患者一些放松的技巧，患者得到了鼓励和支持，消除了术前的焦虑。

18. 外科医生帮助患者有效应对方法属于

A. 增强防御机制　B. 减轻紧张

C. 耐心的劝导　　D. 全新评价情境

E. 思想政治治疗

19. 医生所用方法能有效地消除患者的心理问题的原因是

A. 增强患者对威胁情境的控制能力

B. 接受心理方面的暗示

C. 提高思想觉悟

D. 得到医生的热情劝告

E. 增加患者配合治疗的责任感

（20、21 题共用题干）

一位中年男性患有冠心病和高血压已五年。

20. 经心理医生检查，认为他具有 A 型行为特征，但下列不符的一项是

A. 有明显紧迫感

B. 待人随和

C. 有竞争性

D. 对工作过度提出保证

E. 为成就努力奋斗

21. 以现代医学观，冠心病属于哪一类疾病

A. 单纯性躯体疾病　　B. 神经症

C. 流行疾病　　D. 心身疾病

E. 人格障碍

B_1 型题

（22、23 题共用备选答案）

A. 心理社会因素作用过强

B. 个体对疾病的认识

C. 心理社会因素作用持续过短

D. 精神疾病对人们心理的影响过程

E. 医治疾病对个体的损害程度

22. 可引起机体效应的功能障碍的器质性病变是

23. 心身反应所涉及的内容是

（24、25 题共用备选答案）

A. 躯体无器质性病变

B. 疾病多数与某种特殊性性格类型无关

C. 发病因素与情绪障碍相关

D. 心身反应与时间相关

E. 心身与神经递质相关

24. 心身疾病的特征是

25. 心身疾病的诊断标准之一是

（李洪华）

第5章 医患关系

医患关系是以患者健康为唯一目的的一种特殊的人际关系。和谐的医患关系不仅是治疗顺利进行的必备条件，也是减少医疗纠纷的关键因素之一。本章主要介绍医患关系的概念、形式，医患交往存在的问题与沟通技巧及医患关系模式。

第1节 医患关系概述

案例 5-1

李某，男，41 岁，渔民，过敏性鼻炎在耳鼻喉科门诊诊治，医生给予鼻炎喷剂，鼻炎症状缓解，但是李某之前的失眠症状加重，并且出现胸闷症状，认为是鼻炎喷剂的副作用所致，遂到耳鼻喉科门诊询问医生。因患者多医生忙碌，医生未听李某讲完，就一口否定是药物副作用，还跟李某说是心理作用导致的，叫他不要多想。李某回到家中不敢再使用该医生所开药物，并且越想越生气，感觉很委屈，失眠和胸闷症状加重。李某查看鼻炎喷剂的说明书，发现说明书写到对呼吸系统的影响后，就马上到该医院投诉中心，投诉该医生。

问题：以上案例体现了医患关系哪些重要的意义？

一 医患关系的概念

（一）医患关系

医患关系是一种特殊的人际关系，具体是指医疗工作者与患者在临床诊疗活动中形成和建立起来的人际关系。

广义的医患关系包括医生、护士、药剂科、医技辅助人员、行政管理者及其他医务工作人员在内的医务工作者与患者及其家属之间的关系。狭义的医患关系是指医生与患者之间的人际关系。

（二）医患关系的性质

1. 医患关系是以患者的健康为唯一目标的人际关系　医患关系的建立是为了满足患者的健康需要，同时把患者健康作为医患之间共同和唯一的目标，避免掺杂其他利益关系。

2. 医患关系是一种帮助性的人际关系　在医疗过程中所有的医患交往都要作用于患者，即以患者为中心的人际关系。其实医患关系形成的过程，就是医护人员本着救死扶伤的理念，以自己的专业知识和技能，帮助患者摆脱病痛的过程。

3. 医患关系是职业性的关系　医患双方虽然在人格上是平等的，但是在疾病与治疗方面的知识和信息是不对等的，因此医患关系在互动过程中也经常会有变化。患者常希望发展更个人化的非职业关系，以便得到更方便的照顾，例如，宴请医务人员，有的患者因病耻感不愿意到医院就医，想通过与医生建立私人关系得到帮助；然而，通常医生在职业时间之外，并不希望被患者过多打扰，参加医疗职业之外的活动；如果医患之间没有职业界限，医生可能会逐步出现职业倦怠。但是，有些情况，由于医疗的需要，医生又不得不牺牲本属于个人时间，全力以赴地为患者服务，如加班。这是医生的责任和义务所决定的。

4. 医患关系是有时限的关系　医患关系伴随治疗过程，从患者求医、病史的采集、检查、诊断、治疗方案的制订、实施治疗，到后期患者治愈或死亡，有一个建立、发展和结束的过程。当患者的治疗结束后，这种特定的关系就结束了。在结束之前，与患者保持职业化的关系，有助于医疗；而结束之后，医务人员与曾经的患者建立个人关系，是医务人员的人个行为，这是个人的选择也应对自己的选择负责。

5. 医患关系是动态的关系　良好的医患关系，可能会因为疾病治疗结局不好而变化，例如，患者因为治疗效果不能达到其期望而对医务人员产生对立情绪甚至发生冲突；随着病情的好转，患者会更信任医务人员；医务人员与患者的沟通方法与沟通的水平对医患关系有直接的影响。

二 医患关系的重要意义

医疗人员的业务能力和工作经验来自于一例一例患者的积累，没有患者的医生不能成为一个优秀的医生；同样没有医生的帮助，患者很难摆脱病痛恢复健康。其实医患之间有共同利益和目标，医患关系是否和谐将直接影响治疗顺利进行、患者的康复，甚至一些不和谐的医患关系还会导致不必要的医疗纠纷。

（一）和谐医患关系是治疗顺利进行的前提

治疗是否顺利进行取决于双方关系的建立。从疾病的诊断和治疗，都需要患者的积极配合，而患者积极性源于对医生的尊重和信任，信任关系是完成医疗工作所必需的。由于信任医患之间可以充分交往，采集到真实的病情和病史的资料；医生在将诊疗的信息传递给患者或患者家属时，医患关系和谐，患者的依从性才会高，才会配合改变生活习惯或者服药剂量，才能取得良好的治疗效果。同时，患者也会把自身的感受、情绪体验、疗效信息传递给医护人员，使医护人员做出适当的反应，调整治疗方案、实施相应的技术处理，促进医疗活动顺利进行。诊断和治疗，离不开医患合作。反之如果医患关系不和谐，患者很难信任医生，医疗活动通常提前终止。

（二）和谐医患关系可以促进患者的康复

良好的医患关系有利于医患双方的心理健康。医患双方把情感、意见、要求等及时表达，特别是患者表达与宣泄了因疾病带来的不良情绪，感受到医护人员提供的理解、关心、体贴，使患者获得心理需要上的满足，有益于增进患者的心理健康。医护人员从医患交往中获得有关信息，改善了患者的病情，提高了患者的遵医行为，从中体验到工作的成就感，也获得了心理上的满足，带来的积极情绪反应有益于心理健康。众所周知，身心之间相互影响，如抑郁症也可能伴随食欲减退，胃反酸、胃胀等消化道症状。而长期卧床的慢性疾病也可能导致抑郁情绪。

所以患者心理健康有利于患者整体情况的康复。

（三）和谐医患关系可以减少医疗纠纷

医患纠纷中有2/3是有由于医患关系不和谐导致的。常见医疗纠纷多是因为双方关系不和谐，不能进行有效的沟通而引起的。一方面，如果没有良好医患关系，患者多会出现不尊重、不配合医护人员的现象，在这种不良的医患关系下医护人员也很难长时间坚持工作积极性，与患者之间贴心和有效的沟通必然会减少。另一方面，医学知识的专业性强，许多患者不懂或一知半解，如果医护人员的解释工作和细节服务不到位，就会导致很多不必要的误解。另外患者及家属对医疗工作的高风险、高强度、高技术认识不足，对医疗结果的期望过高，认为进医院后一定有治，一旦病情变化出乎意料，如果没有和谐关系为基础，很容易误认为医护工作不到位，极易引起纠纷。

案例5-1分析 该案例中医生不注重医患关系，使患者治疗中断，并导致医疗纠纷。

第2节　医患交往的两种形式和两种水平

医患交往是指以患者健康为核心，医患之间进行的信息和情感交流的过程，也称医患沟通。医患之间要把各自的信息准确地传递给对方，接受信息后要进行加工、概括、评价，由此做出相应的反应，以此来调整医疗计划。任何一个环节出现问题，都会导致交往的偏差或失败。

一 医患交往形式

医患交往的形式包括有两种：言语沟通形式与非言语沟通形式。

（一）言语沟通形式

言语沟通形式即利用语言符号来传递信息。在人类社会交往中，言语沟通是最广泛使用的一种沟通方式，它不受时间和空间的限制，是其他任何沟通方式不可替代的。言语沟通可分为口头沟通和书面沟通。

口头沟通方式如交谈、讨论、开会、讲课、电话等。口头沟通可以直接、迅速、清楚地转达信息，获取病情资料，并可及时获得对方的反馈，客观评价并据此对沟通过程进行调整。除了语词信息的传递，其他非言语的信息如表情、姿势、辅助语言等，也有助于理解沟通的内容，同时还是医患间交流思想、感情的主要方式。

书面沟通是借助书面文字材料实现的一种沟通方式，如通知、广告、医疗文件、信函等。书面沟通可以传递复杂完整的信息，当临床某些患者因疾病或诊疗的原因不能说话，采用书面沟通是一种非常有效的方式，如聋哑患者通过书面沟通及手势，了解患者的状况和需要。

（二）非言语沟通形式

非言语沟通形式又称为体势语言，包括面部表情、身体姿势、眼神、手势类语言等。在某种情况下，许多不能用言语来形容和表达的思想感情，可以通过非言语形式得以流露和传递。非言语形式在交往中起到支持、修饰、替代或否定言语形式的作用。在医患沟通过程中，患者的非言语行为包含了丰富的信息，它有助于医务人员了解患者的真实感觉和需要。同样，医务人员的仪表、动作、手势与表情，也为患者提供了丰富的信息。因此，在注意自己非言语作用的同时，还要正确理解患者的体势语言，使其能为建立良好的医患关系起到促进作用。

二 医患交往水平

医患交往和相互作用，体现在技术性与非技术性两个水平上。

（一）技术性水平

医务人员凭借自己的技术性的医学知识，为患者做出诊断与治疗。医务人员的言语指导和解释虽然是采用非技术性的语言向患者传达的，但医患交往的基础仍是医生对医学科学的应用，技术水平体现了医技与诊疗效果。

（二）非技术性水平

主要反映医患双方在心理和社会等方面的关系，表现在道德关系、利益关系、法律关系、价值关系等，其中最重要的是道德关系。事实上，大多数患者对医务人员的评价，是以服务态度的优劣、诊断过程是否认真、医德高尚与否为依据的。

在实际的医疗活动中，两种水平的交往是相互依赖、相互影响的。技术水平的交往是非技术水平交往的基础，没有技术水平的交往，也就不能产生其他医患关系的内容。而非技术水平交往的成功又会有利于诊疗工作的落实，促进技术水平上的交往。如非技术水平的交往的成功有利于患者的依从性，患者的依从性不高是医患交往不良的直接结果；技术水平的交往失败，如医生的误诊和无效处置等，则会损害非技术水平的交往。

第3节 医患交往问题与沟通技巧

医患交往的目的是为了加深了解以更好地治疗疾病，但由于信息传递与理解的问题，使医患双方在交往中经常不尽如人意，影响和谐的医患关系的建立与维持。交往中的问题则可以来自医患双方，医务人员方面的主要有医务人员心理因素、耐心和沟通技巧。来自患方的主要有患者心理因素、患者的期望值过高及患者依从性问题。

一 医患交往中的问题

（一）来自医务人员的问题

1. 医务人员自身心理素质　医务人员自身的人格不健全或不合理的认知结构，构成对患者的偏见，不尊重患者，态度粗暴，会被患者认为没有同情心，患者则对他缺乏信任感、亲近感和信心，就不愿多交谈和倾吐心身，甚至拒绝交流。医务人员因自身的工作和心理压力，未能及时调整好自己的心态，情绪不稳定，不愿与患者多沟通。医生对个人的功利过分追求，只关心对自己有“价值”的信息，而不关注患者诉求，也会导致患者不愿和医务人员敞开心扉。

2. 耐心　医务人员对患者的主诉不耐心，对医嘱不做多解释，对患者病情的真实情况、治疗方案和预后等信息不能及时地传递给患者。患者由于医疗知识的缺乏，通常处于被动的交往中，不能准确地表达自己的需求和意见，导致互相之间容易发生误解，致使患者对医务人员失去信任感，影响医患交往的顺利进行。

3. 医务人员沟通技巧　医务人员缺乏沟通技巧，如医学谈话只是采用“封闭式”谈话，很少能用“开放式”交谈，使医患交流简单化而无法深入进行。

另外一些医务人员擅长使用专业词汇或者患者不熟悉的术语，却不能转化为使患者能理解的通俗易懂的词汇。

（二）来自患者方面的问题

1. 患者对医务人员和疾病治疗的期望值高　患者对医务人员过高的期望值与实际情况脱节，或对医务人员过分挑剔或态度冷淡，而引起对医务人员的反感，由此造成医患交往的障碍。此外，患者因医学知识不足对疾病治疗期望值过高，过分追求完美，疾病恢复过程稍有一些不如意，就抱怨甚至谩骂攻击医务人员。这些都会导致交往方面障碍。

2. 患者心理因素　患者因既往的经历或者媒体舆论等原因，对医务人员有偏见，不能信任医生，不愿透露过多信息，导致交往障碍；因医院的陌生环境和接受各种痛苦的检查与治疗时，可导致患者情绪不稳定，或因急、重症疾病的本身引起强烈心理应激反应，表现为激惹、敏感、愤怒和抑郁等，甚至悲观厌世，拒绝治疗，进而无法进行有效的交流。

3. 患者的依从性　又称遵医行为，是患者的执行医嘱率。来自患者方面的主要原因是对医生不满意，如医嘱不符合患者的社会需要、医嘱过于复杂或较为含糊，患者不能理解导致回忆不良，医疗措施或药物治疗的痛苦及不良反应等。患者依从性差是医患交往最大的障碍，直接导致交往受阻甚至中止。医务人员应及时查找原因，提高患者遵医的依从性，如提高医务人员的职业道德和服务态度；医嘱要切实可行并符合安全、经济、有效的原则；医务人员在指导患者执行医嘱时要力求解释充分，明确简洁，便于患者理解和记忆等。

二　医患沟通技巧

案例 5-2

李某在该医院投诉中心，在工作人员的劝说下转到心理门诊。在门诊治疗过程中，医生认真倾听李某的遭遇，并对李某胸闷的症状给予关注与接纳，并使李某知道医生完全相信他的真实感受，然后询问李某之前失眠病史；在详细了解李某的精神状况后，做出了诊断：焦虑症、过敏性鼻炎。并给李某解释胸闷症状最大可能是焦虑时自主神经功能紊乱导致的，建议李某把鼻炎药物和抗焦虑药物同时使用。李某认可了医生的解释，并表示配合治疗。两周后李某失眠和胸闷都明显缓解。

问题：在医疗沟通中医生都使用哪些沟通技巧？

医患沟通是对医学理解的一种信息传递过程，是为患者的健康需要而进行的，它使医患双方能充分有效地表达对医疗活动的理解、意愿和要求。而言语表达方式多种多样，任何一句话都可以有多种说法，说法不同，效果截然不同。医学交谈中常用到以下技巧。

（一）制订沟通目标

医患沟通不同于聊天，沟通是有目的、有主题的。在交谈前应明确交谈的目标，确定想要了解的主要问题是什么，主动有效地控制谈话的过程，避免漫无边际的闲谈。另外患者的心里可能有多个问题，导致患者在交谈时反复询问和重复一些不必要信息，医务人员要锁定沟通目标中核心问题，善于运用提问方式引导话题围绕着核心问题进行交谈，但切忌生硬打断患者，而应在恰当的时机如谈话的间隙，礼貌的提出问题，转移话题。

（二）倾听

在沟通过程，倾听是非常重要一部分。听的过程既是获得患者有关信息的过程，同时又是对这些信息进行归纳、总结的过程。倾听是建立良好医患关系途径之一。误诊和患者依从性差通常是医生倾听不够所致。医务人员要全神贯注关注患者谈话，避免注意力分散。倾听时要有适当的眼神交流，对谈话内容要及时做出反馈应答，可以轻声地说“嗯”、“是”或点头等，以鼓励患者进一步诉说。对疑虑和重复言语的患者，他们反复重复本质就是怕医生没有领会其谈话内容，所以对于这类患者尤其要有耐心倾听和解释。倾听过程还应仔细观察患者的表情、动作等非言语行为里包含的丰富信息，例如，患者说“我很痛苦”，他的面部表情和语调常能反映痛苦的程度。这将有助于医务人员理解患者的真实想法和情感。

（三）体会患者感受

患者会有许多躯体不适的感受，尤其一些老年慢性病患者。大部分躯体不适的感受都是医务人员没有亲身经历过的，如不能很好体会，容易导致理解的偏差。例如，抑郁的患者经常诉述“我脸会笑，但是心不会笑了，心里难受”，医生就要理解患者内心感受是情绪低落，不能高兴起来。在交谈中通过“心理换位”，理解患者的痛苦和感受，设身处地为患者着想。使患者感到亲近的行为，常表现在细小的事情和言行举止中，这样会促进医患双方的认识、情感交流，加强交谈的效果。

（四）提问的方式

常用的提问方式有两种，一种是开放式提问，常使用“什么”、“怎么”、“为什么”等方式发问，这样的问题有利于患者主动、自由地述说，例如，“您对药物治疗有什么想法？” “您这几天感觉怎么样？”既体现了医生对患者独立自主精神的尊重，也为全面了解患者的思想情感提供了最大的可能性。开放式提问多在了解患者的情况时运用。另一种是封闭式提问，此类问题的特征是可以用“是”或“不是”等肯定或否定的词给予回答，多在核实或澄清患者的反应时运用。例如，“您今天伤口疼吗？”“您的腹痛在哪个部位？”其作用在于收集信息，并可以缩小问题的范围，把交谈集中在某一个特定的焦点上。但要注意，封闭式提问可以节约时间，但是也限制了患者的主动性，一连串的提问后常使患者变得被动、困惑，甚至不自在，也难以得到提问范围以外的信息。

（五）恰当的反应

在沟通的过程中，医务人员也应该给予恰当的反馈。例如，可用点头、微笑、沉默、复述患者谈话来应答患者。复述可以让患者知道你已听到他所讲的，起到鼓励和引导患者进一步阐明的作用，还可以协助患者表达他的想法和感受。有时沉默也可以给患者思考和反省的时间，能使沟通更加深入，尤其是有焦虑或勾起伤心事时，若能保持短暂的沉默，可以使患者重新调整自己的思路，也会感受到医务人员很能体会他的心情，真诚地接受他。使用“是”、“好”、“是的，这个问题很重要”等语言来确认患者的谈话内容。用“我很高兴你告诉我这一切”“你的建议对诊疗很重要”等来表达积极的情感。同时也应注意在反应时，不急于下结论，不做无关应答，不做虚假保证。

（六）善于使用肢体语言

医务人员通过观察患者的面部表情了解患者内心的复杂活动，同时医务人员通过自己的面部表情表示对患者的热情、关注、冷静等态度。例如，微笑能给患者带来很大的抚慰，但在患者伤心时仍然微笑，则会让人反感。如果医务人员的表情与患者的情绪体验一致，医患沟通就满意；在沟通的过程中，保持目光接触，表示尊重对方，并愿意去倾听对方的讲述；缺乏目光接触则表示焦虑、厌倦、轻视。如患者或家属前来询问某事，你口头上应着，没有目光交流，就会给人一种冷漠、怠慢的感觉；医生诚恳友善地点头，患者的温暖和安全感油然而生。拍拍肩，拉拉手等，能使患者感到一种支持、鼓励和关注。医务人员在为患者体检时的触摸，是职业的需要，也是一种关怀。当患者焦虑害怕时，医务人员握握患者的手，表示“我在你的身边，我在帮助你”，可使患者减少恐惧，情绪稳定。

案例 5-2 分析 在心理门诊治疗中，医生使用倾听、体会患者感受、恰当反应等沟通技巧。

第 4 节 医患关系模式

医患关系主要有三种基本模式：主动-被动型、指导-合作型、共同参与型。这三种医患关系模式是动态变化的，分别适用于不同的医疗情境与疾病。在同一个患者身上它也可以随着病情的转化由一种类型转向另一种类型。在旧的医学模式下，多使用主动-被动型和指导-合作型，而在现代诊疗活动中，医患双方平等磋商的共同参与型模式逐步占重要位置。

一 主动-被动型

主动-被动型是一种以生物医学模式及疾病的医疗为主导思想的医患关系模式。其特征是医生完全处于主导地位，患者处于被动地接受医疗活动。医患双方属于显著的心理差位关系，医生的权威不会被患者所怀疑，患者一般不会提及任何异议。

这种模式常用于昏迷、手术、全身麻醉、休克、严重创伤、某些无自知力的精神疾病及婴幼儿等。这些人存在意识不清-智力低下-年幼无知-难于表达自己的意愿等，完全排除患者的主观能动性。由于是单向作用于患者，因此，医生必须具有高度的责任心，采取损伤最小、收益最大、最好的诊疗手段，这样才符合医生良好的职业道德。

二 指导-合作型

指导-合作型是一种由一方指导，另一方配合的有限合作模式。其特征是“医生告知患者该怎么做”，医患双方在医疗活动中都是主动的。医生运用专业技术上的权威性，在指导患者治疗疾病的过程中占主导地位，而患者的主动性是以配合和服从医务人员的意见为前提的，他们认可医生的权威，也乐于合作，但可以对医生提出疑问和建议。

这种模式主要适用于危重急救患者，手术前、手术后患者及少年儿童患者等。此类患者神志清晰，但病情重，对疾病的治疗及预后知识了解得少，需要依靠医生的指导和帮助。因此，需要医生有高度的工作责任感，良好的医患沟通技巧，指导患者更好地配合治疗。

三 共同参与型

共同参与型是一种生物-心理-社会医学模式及以健康为中心的医患关系模式。其特征是“医生协助患者自我恢复”，医患双方的关系建立在平等地位上，有近似的同等权利，双方主动进行着彼此都满意的诊疗、康复活动，相互依存。医患之间都具有治疗好疾病的共同愿望。

这种模式特别适用于内科慢性疾病的患者，如慢性期、康复期、门诊和家庭病床的患者。由于患者神志清楚，能独立料理自己的生活，因为长期患病，对疾病的诊疗过程比较了解。因此，有能力和需求主动参与治疗，这样在诊疗过程中运用“共同参与”的可能性就越大、越适合、越需要。

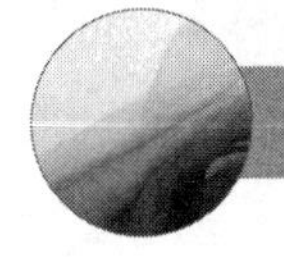

目标检测

选择题

A_1/A_2型题

1. 最能反映医患关系性质的表述是一种
   A. 陌生人关系　B. 信托关系
   C. 主动-被动关系　D. 类似父子的关系
   E. 商品关系
2. 对于切除阑尾的术后患者，宜采取的医患模式是
   A. 主动-被动型　B. 被动-主动型
   C. 指导-合作型　D. 共同参与型
   E. 合作-指导型
3. 医生在与慢性病患者的交往中，医患关系中最理想的模式是
   A. 主动-被动型　B. 指导-合作型
   C. 共同参与型　D. 主动-主动型
   E. 被动-被动型
4. 医生的临床知识和技能×患者的依从性，等于
   A. 治疗效果　B. 技术交往
   C. 非技术交往　D. 言语交往
   E. 非言语交往
5. 近年来医患关系紧张的直接原因是
   A. 经济发展转轨和社会转型造成的利益格局调整及新旧观念的碰撞
   B. 医患双方自身全面认知的不足
   C. 医学事业的进步与发展
   D. 现代医学模式的转变
   E. 医疗费用过高
6. “花了这么多钱，一点问题都没查出来，真不值”，面对这样的问题，应该怎样解决
   A. 任何时候都应根据适应证选择检查，并让患者知情
   B. 应根据患者的需要来选择检查
   C. 应告诉患者每种检查的局限性
   D. 根据患者的经济情况选择必要的检查
   E. 以上都不对
7. 良好的医患沟通能够融洽医患关系，不准确的是
   A. 沟通使医患形成共同认知
   B. 沟通使医患建立情感
   C. 够通使医患互相满足尊重的需要
   D. 沟通使患者获得应得利益
   E. 有利于医患双方的心理健康
8. 行为举止中最重要的一种沟通渠道是
   A. 举止端庄　B. 面部表情
   C. 目光接触　D. 身体姿势
   E. 空间距离
9. 不属于医患沟通的基本原则的是
   A. 以人为本　B. 诚信原则
   C. 沟通原则　D. 同情原则
   E. 理解原则

（孙雅娜）

第6章　患者的心理问题

心身互为一体已经是不争的事实，疾病本身会影响患者的心理状态，反过来，患者心理状态也会影响疾病的发生和发展。因此了解和掌握患者的心理问题，进行有效的心理干预，是促进患者疾病康复的关键环节。

● 案例 6-1

郑某，女，47岁，公务员，1个月前在B超下穿刺病理检查结果：双侧甲状腺乳头状癌。郑某得知后，很震惊，不相信检查结果，又换了一个医生再次检查，结果同前。但是郑某仍不能接受，回家后跟丈夫发脾气哭闹。随后出现入睡困难，有时突然胸闷、心慌，有恶心、胃胀，食欲下降等症状。因为听电话铃声觉得刺耳、紧张，所以平时出门不敢带手机。丈夫带郑某又去了两家医院检查，结果基本一致。医生劝郑某尽早住院、准备手术治疗。因为郑某儿子再有一个月就要高考，郑某担心无法照顾儿子起居饮食，不愿马上住院。随后在丈夫的劝说下，入院治疗。住院后郑某不安心，经常晚上偷偷跑回家里看儿子。在手术前，郑某反复询问护士手术的经过，担心手术出现意外。有一次护士因为工作忙没有及时回答，郑某就吵闹要投诉该护士。主管医生和郑某沟通，先讲解甲状腺恶性肿瘤的分型，告知郑某此种癌症术后基本不影响生存率，接着讲解手术过程和术后的注意事项，之后郑某安心接受手术治疗。

问题：以上案例中，郑某出现哪些心理问题？

第1节　患者角色和求医行为

一　患者概念和患者角色

（一）患者的概念

患者是指患有各种躯体疾病、心身疾病、神经精神疾病等的人，不论其求医与否，都统称为患者。随着医学模式的转变，在生物-心理-社会的医学模式影响下，对健康与疾病有更广泛认识后，认为患者广义的概念为患者指接受医疗服务的所有对象。例如，医疗美容整形的求助者，老年期保健疾病预防的求助者等。

（二）患者角色概念

角色源于戏剧术语，19世纪20年代由美国心理学家Mead GH引入社会心理学。社会心理学中认为，在生活中人们需要承担多种社会角色，而这些社会角色总和就是他本人，当人们患上某种疾病时，就多了一个新角色——患者角色。患者角色就是一种特殊社会角色，是处于患病状态中同时有求医行为和医疗行为的社会角色。

（三）患者角色的特点

1. 其他社会角色退化　个体患病后，要从原来生活中承担的角色解脱出来，也就是说原本工作和家庭责任、义务可以部分免除。根据疾病的情况，准许休息和接受医疗机构的帮助。例如，一名教师生病时，可以暂时请假不用上课，根据疾病情况选择门诊治疗或者是住院治疗，在这段时间内他不必执行教师角色这个义务和责任。

2. 有强烈的求助愿望　一般患者都有强烈求助愿望。因为患病的个体，常变得脆弱和喜欢依赖他人。希望通过求助医务人员，尽快摆脱疾病的痛苦和折磨。例如，有些门诊慢性病的患者，特别喜欢反复询问医生自己的病情，为了能得到医生的及时帮助，喜欢讨好医生和与医生做朋友，甚至送医生礼物，来达到自己求助便利的目的。

3. 有享受医疗服务和疾病知情的权利　在患病时，个体有权利享受医疗服务，例如，就医时，医生根据其疾病的性质和严重程度，给予患者住院或者门诊治疗。另外患者有权利了解疾病的相关信息，例如，疾病性质、诊断、治疗计划和预后情况等。

4. 康复后有承担病前社会责任的义务　患者在康复后，需要走出患者角色，去承担原来的各种生活和工作的责任和义务，即承担各种社会角色。

（四）患者角色转换和适应中问题

1. 患者角色缺如　因个体未意识到自己得病，或者未意识疾病的严重性，而不愿进入患者角色；也有些个体因为患病要被迫放弃其他社会角色，如晋升、求学、婚姻等和个人利益相关的角色，他们通常不愿接受患者角色或者隐瞒患者角色。这些都会延误治疗，使病情恶化。

2. 患者角色减退　是指个体已经进入患者角色，在治疗过程中因为其他原因而停止治疗，回到生活中去承担其他的社会角色。通常这种需要的迫切要求超过了患者求医治疗的动机，患者角色减退常发生于治疗中晚期。例如，患病住院的母亲，常因为要陪伴孩子高考，而终止自己的治疗。

3. 患者角色冲突　是指在转换成患者角色时，不能放弃原来承担各种社会角色。患者角色和原来各种社会角色冲突而引起患者心理行为不协调。患者常表现焦虑、自卑、迷茫、困惑等。例如，一个小学班主任在患病时，仍然不愿放弃教师角色，不安心住院治疗，还时刻牵挂班里学生，想要承担原来班主任的责任，就会出现担心焦虑等情绪症状。

4. 患者角色心理行为异常　是指患者对患病的后果和疾病严重程度，过于担忧和恐惧，导致对患者角色悲观、绝望、甚至厌倦，导致一些异常行为。有的表现为冷漠、拒绝治疗，有的甚至用自杀摆脱疾病。患者角色心理行为异常和之前患者角色冲突不同在于，前者对是否能康复过分的担心和绝望，而导致心理行为异常，而后者是不愿放弃原来的社会责任引起患者角色和社会角色之间的冲突。

5. 患者角色加强　是指患者对疾病状态过分认同，甚至康复后仍希望在患者角色中，不愿承担原来的各种社会角色。例如，一些患者已经康复，但是仍然不愿离开医院和医生，对回到原来的正常生活中没有信心或者恐惧，希望保持患者的身份，继续得到医务工作者和亲友们的关心和照顾。

二　求医行为

求医行为是指人们感到躯体或者心理上某种不适时，寻求医疗帮助的行为。求医行为是人类进行防病、治病和保持心身健康的一种重要行为。求医行为决定做出可能是患者本身，也可能由于亲友或者其他社会因素作用。同时求医行为是一种复杂的社会行为，同时也受多种因素的影响。

（一）求医行为的类型

1. 主动求医行为　是指人们患病后，为了维护健康而主动寻求医疗机构或者医生帮助的求医行为。这是人们患病后通常的求医模式，当然也可见于一些对自身健康特别关注的人。

2. 被动求医行为　是患者无法或者无能力做出求医行为，而由他人劝说、帮助和督促下寻求医疗帮助的行为。除了婴幼儿、急重昏迷的患者外，也多见于对疾病无自知力的精神疾病患者。例如，抑郁症时，有些患者认为自己是心情不好，并不认为自己是生病。

3. 强制性求医行为　是指公共卫生医疗机构或者患者的监护人为了维护社会人群和患者本人健康和安全而对患者实施强制性治疗的行为。主要对象包括有严重危害公众安全的传染疾病，暴力伤人、自杀自伤倾向的精神疾病和毒品药物依赖的患者。

（二）影响求医行为的因素

1. 年龄　不同年龄阶段求医行为的频率不同。例如，婴幼儿、儿童属于被关注和被保护的社会角色，这个年龄段求医行为相对较多。而进入青少年时期，躯体疾病患病低，因躯体疾病的求医行为会减少。到了老年期机体功能下降，器官衰退多种疾病不期而至，加上闲暇时间增多，求医行为也会增加。

2. 经济和文化程度　一般社会经济良好和文化程度高的人群，因为医保和对疾病知识了解较多，求医行为相对较高。反之，如果经济状况差、文化程度低，对疾病知识了解不多，这类人群求医行为必然不高。

3. 对疾病和健康认识程度　对疾病性质和严重程度的认识，例如，感冒、鼻炎等最常患的疾病或者一些慢性疾病，人们认为这些疾病的危险程度小，通常不会马上求医。而对突发急症疾病，如被狗咬伤、高热、外伤、脑卒中等疾病通常采取立即就医。同样对健康比较关注的人群，响应求医行为也较其他人群多。

4. 个性心理因素　敏感、追求完美、依赖性强的个性求医行为相对比较多，反之，乐观、开朗对立的个性求医行为相对较小。

总之求医行为受多种因素影响，是一种复杂的社会行为。医务工作人员应该本着一切从患者出发的理念，结合具体疾病情况，正确客观引导患者树立合理求医行为的思想。

案例 6-1 分析　郑某存在患者角色冲突和被动求医。例如，郑某在住院期间不安心，总想回家照顾即将高考的儿子，是不愿放弃病前照顾儿子社会角色，这是和患者角色相冲突的；郑某因担心儿子，不愿住院治疗，在丈夫劝说下被动求医。

第 2 节　患者的一般心理问题

患者的一般心理问题是指人们在患病后最常出现的心理变化。在进入患者角色后，生活的重心和注意力的指向都会发生相应的变化。健康人的心理活动多为了适应社会生活，而患者心理活动更多是指向于自身的躯体症状和疾病信息。下面是在患病期间普遍会出现的心理变化。

患者认知活动的问题

（一）感知觉改变

由于患病和躯体不适，患者的注意力开始由外部世界转向自身体验和感受。感知觉的指向性、选择性及范围都相应发生改变。患者因为身体虚弱、情绪不稳定，引起主观感觉异常、敏感性增强，对一些微小的刺激，如光、声音、天气改变都特别敏感。尤其失眠患者一点轻微的声音就觉得刺耳。另外对自身躯体反应的感受性增高，对自身呼吸、心跳、胃肠道蠕动都异常敏感，尤其老年患者特别关注胃肠道症状，总感觉胃里有气，胃胀、胃疼症状。

（二）记忆改变

进入患者角色后，患者注意力集中在疾病和躯体症状，与疾病相关一些信息，记忆力会增强。而对于外界其他信息，则会出现记忆力减退的现象。另外，一些疾病的本身就会导致记忆力改变，如躁狂发作和偏执型精神病时，会出现记忆力增强的症状。而脑器质性疾病、慢性肾衰竭、肺结核、2 型糖尿病则会出现明显的记忆力下降。

（三）思维改变

思维也会受到疾病影响。在患病期间，自信心下降，甚至出现自卑和猜疑，面对事情时不果断，犹豫等思维决策能力下降的表现。当然有些疾病本身也会造成思维形式改变，如抑郁症患者会有思维迟缓、反应慢的症状，而躁狂发作患者则会出现思维联想加快的症状。

患者情绪问题

大多数患者都会有情绪易波动，易激惹，脾气大的改变。临床上常见的情绪问题有焦虑、抑郁和愤怒。

（一）焦虑

焦虑是指人们感受到威胁或预期结果不良时，产生的情绪体验。患者的焦虑主要是对疾病的担心和恐惧，如疾病性质、预后的情况，甚至是治疗费用多少；在医院的环境里，目睹其他患者躯体情况恶化等都会给患者带来焦虑情绪。

（二）抑郁

抑郁是以缺乏愉快感，消极悲观，情绪低落为主要特征的一组症状。在患者角色中很容易产生抑郁情绪，尤其是常年卧床的慢性患者，常会出现悲观不自信，对前途渺茫的负性认知。另外严重器官功能障碍或者丧失、对社会功能影响大的危重疾病都容易使患者产生抑郁情绪。还有些患者在抑郁情绪的影响下，产生绝望和习得性无助，采用拒绝治疗或者绝食等慢性自杀行为来应对疾病。

（三）愤怒

愤怒是人们在追求某个目标的道路上遇到挫折，产生的一种紧张情绪。患者通常认为自己得病是不公平的，倒霉的，尤其在遭受病痛折磨的前期，患者通常非常愤怒；当医务人员的工作稍有差池或者治疗遇到困难时，患者的愤怒就会指向外部，产生攻击情绪和行为，向医务人员和亲友发泄不满。也有的患者愤怒转向自身，自我伤害或者破坏治疗采取措施，如极度愤怒的患者经常自行拔掉自己的输液针头。

三 患者心理需要

需要是个体对某种目标的渴求和欲望，是个体心理及生理稳态需求在大脑中的反应。同时需要也是人的心理活动和目标行为的动力，需要是否满足，会影响人的情绪和行为。进入患者角色后，无法按通常方式去满足需要，而且社会角色的变化，也会使需要发生改变。医务工作者了解和满足患者需要，对疾病恢复是有利的。

（一）生存和安全的需要

在患病期间，原来很容易满足的饮食、睡眠、排泄这些基本生存需要也会受到威胁。胃肠疾病患者不能正常饮食，焦虑患者不能入睡。另外临床发现，多数患者会表现出很强的安全需要。因为突发疾病的本身就是对患者安全需要的威胁，加之手术和药物治疗副作用、侵入性的诊断、医院嘈杂环境、医务工作人员的态度是否耐心都会给患者安全需要带来隐患。

（二）社会联系和交往的需要

有些患者可能需要住院治疗，就必须离开亲友、同事和家庭，去接受医院里新的环境。患者需要很快熟悉环境，也特别需要医护人员和病友这个新群体接纳自己，同时也需要和医护人员沟通和交流，或者与其他病友成为朋友。另外也需要和家庭成员保持联系，与同事和朋友保持交往。

（三）尊重的需要

在生病时候，会有无用感，甚至会觉得是别人的累赘和负担。在进入患者角色后，对尊重需要更强于平时。对于患者的病例资料应给予尊重和保护隐私。对于疾病诊断、治疗、以及预后最好告知患者，尊重患者知情权。虽然有些患者在患病时身体有残缺，但是医务人员应该在精神和人格上尊重患者，在言谈沟通时需要礼貌和真诚，尤其是老年患者更是特别需要他人的尊重。

（四）疾病康复的需要

对疾病康复的需要应该是患者最迫切的需要，患病后的痛苦，以及求医过程的烦琐和担惊受怕，使患者迫切希望摆脱疾病的痛苦，恢复以往健康。患者希望接受最好的治疗和医务人员，在最短时间恢复健康。如果得知他们治疗是漫长而预后是不良的，他们常会陷入焦虑、抑郁甚至绝望的情绪中。

四 患者意志行为改变

治疗疾病的过程并不轻松，有些治疗本身就会给患者带来痛苦，所以整个过程需要患者有较强意志力来配合完成。而患病后患者意志行为的主动性降低，对他人的依赖性增加。这样就会导致，不能按照医生的要求完成治疗，使疗效受到影响。还有许多患者面对突然发病，会出现应激反应，如退化行为像婴儿一样哭闹，举止行为幼稚。也有些疾病本身就会有退化行为的症状，如转化分离的患者（癔症）。

案例 6-1 分析 郑某存在感知觉改变中感受性敏感、焦虑和愤怒的情绪。例如，郑某听见电话铃声觉得刺耳、紧张，躯体感觉增加感觉胃胀；对手术治疗担心产生焦虑，因小事对护士产生愤怒情绪，要投诉护士。

第3节　不同年龄患者的心理特点

儿童患者的心理

儿童患者的突出特点是年龄小，对疾病缺乏深刻认识，心理活动多随周围情境而迅速变化。因为他们注意力转移较快，情感表露直率和单纯。由于他们身患疾病，蒙受着生理的痛苦与折磨，在正当需要亲和、依恋和支持的时候，突然连亲人也看不到，这对他们幼小的心灵容易留下创伤。根据儿童心理学家研究，乳儿从6个月到1周岁是建立“母子联结”的关键期，促进儿童心理发展的重要因素之一是母爱。孩子离开妈妈，大都恐惧、焦虑和不安，经常哭闹、拒食及不服药。心理学家认为，人体间的接触和抚摸是婴儿天生的需求，有人把这种需求称为“皮肤饥饿”。儿童的“皮肤饥饿“现象，在家庭中可由父母的搂抱等方式满足。在医院医务人员对他们轻拍、抚摸，可使其大脑的兴奋和抑制变得自然协调，产生如在母亲怀中的安全感。

另外有些年龄小的儿童患者语言表达有限，父母格外紧张、焦虑，对医护人员提出过高要求。所以对儿童患者的心理关注，实际上在很大程度上是对家属的心理支持。家属的心理状态对儿童患者有着直接影响。例如，父母对医务人员不满意可以变成患儿对护士的愤怒。

青年患者的心理

青年阶段是人生中体魄和智力发展的高峰期，他们常对患病这一事实会感到很大的震惊。他们常不相信医生的诊断，否认自己得病，直到真正感到不舒服和体力减弱才逐渐默认。青年人一旦承认有病，主观感觉异常敏锐，而且富有好奇心，事事询问：“为什么打这个针、吃这个药？”病程需多长？“有无后遗症”等。他们担心疾病耽误自己的学习和工作，对自己恋爱、婚姻、生活和前途有不利的影响。有的青年不愿意把自己的病情告诉自己同学。

青年的情绪是强烈而不稳定的，有时欢快，有时不愉快或愤怒。从自信到自贬，从自私至利他，从热心至冷漠，从兴高采烈至消极失望，皆能在转瞬间有所改变，容易从一个极端走向另一个极端。他们对待疾病也是这样。倘若病情稍有好转，他们就盲目乐观，常不再认真执行医嘱不按时吃药。再者青年人较注重同伴关系，可以把青年人安排在同一病室。他们在一起可激发生活的乐趣，并消除孤独感。另外，青年人一般较重视自我评价，自尊心强，任何消极刺激对他们都会是一种伤害。反之，调动他们的个性积极性，及时给予恰当的鼓励，对克服困难与疾病做斗争都能起良好作用。

中年患者的心理

中年人的社会角色比较突出，既是家庭的支柱，又是社会的中坚力量。当他们受到疾病折磨时，心理活动尤为沉重和复杂，他们担心家庭经济生活，牵挂着老人的赡养和子女的教育，又惦念着自身事业的进展和个人成就等，所以对中年人要帮助他们避免患者角色冲突，尽快从其他社会角色转化为患者角色。

另外中年人的世界观和心智比较稳定，对现实具有评价和判断的能力，对挫折的承受力比较强等特点，鼓励他们充分发挥主观能动性，配合医务人员的计划把病治好。

案例 6-1 分析 郑某年龄处于中年，在患病期间心理活动复杂，担心家庭和儿子教育问题，符合本节中阐述的中年期心理问题。

四 老年患者的心理

老年人非常关注躯体情况，尤其对胃肠道食欲、睡眠、便秘等症状尤其关注。老年人在心理上特别怕孤独、怕花钱、怕改变生活习惯，性格固执和喜欢回忆过去的事情，特别需要其他人尊重。还有些老年人退休后，不适应退休后生活，不服老出现无价值的内心冲突。

随着身体和器官功能衰退，以及陪伴多年朋友因疾病而离去，所以当某种疾病较重而就医时，他们对病情估计多为悲观，心理上也突出表现为无价值感和孤独感。有的情感变得幼稚起来，甚至和小孩一样，为不顺心的小事而哭泣，为某处照顾不周而生气。老年患者一般都有不同程度的健忘、耳聋和眼花，所以服药的种类和方法要简单易行。老人的生活方式刻板，看问题也有时固执，医生需要护理人员紧密配合，使治疗和生活护理完美结合，尽快康复。

第 4 节 特殊患者的心理问题

一 临终患者的心理问题

（一）临终患者心理变化的五个阶段

“临终”是指死亡过程中濒死期，对患者来说，这个时期是充满痛苦和恐惧的。所以医务人员应了解这个时期患者心理特点，满足患者的需要，以便减轻临终患者身心上痛苦。美国临终关怀心理学创始人 E. Kubler-Ross，将临终患者心理变化分为五个阶段。

1. 否认期 当患者得知自己进入疾病的晚期，最初的心理反应就是否认。不能接受自己得了严重疾病，甚至怀疑医生的诊断。这是人们在面对严重应激情况下出现的心理防御机制。患者这种心理一般持续时间不长，但是也有少数患者会持续否认至死亡。

2. 愤怒期 度过了否认期，躯体症状越来越严重，患者开始感到绝望和恐惧，进而转向愤怒。他们怨恨命运不公平，也会因为治疗无效，怨恨医务人员。有些患者会对亲友发脾气，甚至因不能完成家庭和工作的责任而怨恨自己。

3. 妥协期 患者由愤怒期转入妥协期，心理状态显得平静、安详、友善、沉默不语，并把希望寄托在医务人员身上，期待奇迹出现。这时能顺从地接受治疗，希望能延缓死亡的时间。

4. 抑郁期 随着病情的加重，患者意识到生命即将结束，陷入深刻的悲哀和绝望。有强烈的孤独感，忧郁愁苦，万念俱灰。巨大心理压力加之病危症状使患者失眠、食欲减退、眩晕、精神涣散、甚至全身疼痛不适。

5. 接受期 到这个阶段，患者已经被折磨的虚弱无力，他们无可奈何接受了这个现实。此时患者已经有了心理准备面对死亡，所以他们既不害怕也不恐惧。平静等待和亲友道别，安排身后事宜。但患者体力处于极度疲劳和衰竭状态。

（二）临终关怀

临终关怀以提高患者生命质量为原则，体现了对生命价值的尊重。要求医务人员用科学的方法，人道主义精神，最大限度帮助患者减轻心身痛苦，提高患者生存和死亡的治疗，使其平静而有尊严的离开人世。

二 恶性肿瘤患者心理

（一）恶性肿瘤患者心理变化的四个阶段

尽管现代医学对恶性肿瘤诊疗已经有了大幅提高，但是恶性肿瘤仍是我国居民主要死因之一，仅次于心脑血管疾病。所以人们仍旧谈“癌”色变，当患者得知患上恶性肿瘤后，会出现显著的心理变化，一般分为四期。

1. 休克-恐惧期　当患者首次得知自己患上恶性肿瘤，一般反应剧烈，表现震惊、恐惧、甚至哭闹，也会伴随有躯体反应，如心慌、胸闷、眩晕，甚至木僵状态。

2. 否认-怀疑期　当患者从剧烈的情绪反应中平静下来，常采用否认的心理防御机制来应对内心的紧张和痛苦。有些患者会怀疑医生的诊断，反复求诊各大医院，希望奇迹发生。

3. 愤怒-沮丧期　当患者意识到恶性肿瘤的诊断不能改变时，就会出现易激惹、愤怒，在这种绝望无助的情绪下，也会产生轻生的念头。

4. 接受-适应期　患病的事实无法改变，患者最终会接受和适应这个事实，但是多数患者很难恢复到病前的心境，常进入到慢性的抑郁和痛苦中。

（二）恶性肿瘤患者的心理干预

详见第 4 章第 2 节心身疾病。

三 手术患者的心理

手术是一种创伤性治疗，对患者来说是一种严重的应激。手术会影响患者正常心理活动，消极心理反应会影响手术的疗效并增加术后并发症的风险。医务人员应该了解手术患者心理特点，采取相应措施，帮助其度过手术期。

（一）手术患者的心理特点

1. 术前焦虑　焦虑是术前患者最常见的心理反应。主要表现对手术担心和恐惧，有些患者出现入睡困难。伴随有自主神经功能紊乱症状，如心慌、胸闷、出汗、尿频、腹痛、腹泻等症状。

2. 术后心理障碍　术后在伤口疼痛、出血缺氧、代谢障碍和继发性感染因素影响下，可出现不同程度的意识障碍，尤其一些年老体弱的患者。有些患者在意识障碍的基础上，伴随恐怖的幻视，出现术后谵妄状态；也有些患者因为手术的压力，在术后出现既往精神病性症状复发；还有的患者因为截肢和器官切除，而出现心理丧失感导致抑郁情绪；术前焦虑也可能一直持续到术后，担心手术恢复问题。

（二）手术患者的心理干预

对术前焦虑情绪应该在和患者建立良好的医患关系基础上，使用放松疗法和给患者确定感。其中放松疗法详见第 8 章第 3 节。给患者确定感就是要告知患者和家属关于手术治疗的信息。例如，详细告知患者手术主要环节和过程，手术失败和成功可能的比率，甚至手术失败后患者需要面临的问题。当患者一旦有了最坏结果的心理准备后，一般都能坦然面对手术治疗。

对于术后出现意识障碍和谵妄状态患者除了病因治疗，如预防和处理出血缺氧、代谢、感染问题，还要保持病房安静的环境，如不能嘈杂、灯光适中、既不能太亮也不能太暗。必要时使用催醒剂和小剂量的抗精神病药物。

四 急诊患者

（一）急诊患者的心理特点

急诊患者多是突发情况，如服毒自杀、交通事故、心脑血管突发疾病、孕妇、甚至醉酒、失眠的患者。急诊科是病种最复杂、治疗最急迫的地方。急诊患者出现心理问题也各有不同，如服毒自杀患者通常是抑郁情绪的；而交通事故的伤者多是处于对死亡的恐惧中、害怕残疾、害怕失去功能。在剧烈心身创伤下，出现严重的应激反应，有的表情淡漠、呼之不应，而有的哭天喊地、言行幼稚；心脑血管突发病，如心肌梗死的患者，会有极度恐惧、濒死感的惊恐状态；对于醉酒和失眠的患者来说，通常受不到急诊医务人员的重视，因而感觉被冷落，被轻视，很可能转向暴躁、愤怒，在言行上攻击医务人员。

（二）急诊患者的心理干预

急诊患病种类多，多数是急重病，患者的心理问题也相应复杂。需要医务人员根据具体情况做出快速反应。总的原则是快速建立良好的医患关系。因为急诊时间有限，没有时间沟通，或者有些患者已经昏迷而了解病史家属不在现场，通常言语和心理疏导无从下手。这时医务人员可以从真诚和蔼的态度，恰当的肢体语言入手，快速建立良好的医患关系。一旦有良好医患关系，患者和家属就会信任医务人员，感觉放松和安全。

五 精神病患者的心理问题

（一）精神病患者的心理特点

1. 病耻感　精神疾病复发率高，需要长期服药，发病期间会出现猜疑、幻听和妄想，常会伴随怪异、自伤和暴力行为。也因此长久以来他们被社会歧视，甚至被家人嫌弃，所以病耻感是精神病患者缓解期普遍的心理特征。这也导致了很多精神病患者和家属会隐瞒病史。

2. 孤独、回避社交和无价值感　由于精神疾病经常复发，患者经常需要住院，没有朋友和社会关系，以及精神疾病本身就有猜疑和被害妄想，如患者认为马路上有人要害他、不安全，就会不敢出门，以上这些因素都会导致患者孤独和回避社交活动；而精神病患者预后差的会出现人格和认知功能障碍，丧失劳动力而导致精神残疾。如果不能很好地进行康复治疗，很多患者不能重新回到工作岗位，甚至在家里生活不能自理。所以患者会出现无用、无价值感。

3. 自知力不完整　自知力是患者对精神疾病的认识和判断能力，即是否知道自己得病与否。大部分精神分裂症发作期和躁狂发作患者自知力是不完整，会导致患者不承认有病，不配合治疗，甚至攻击和谩骂医务人员和家属。

4. 自杀、自伤和暴力行为　行为紊乱常会出现在精神病患者中，如抑郁症患者中有 25%的患者会出现自杀行为，而 15%的患者最终死于自杀；边缘性人格障碍的患者容易出现自伤行为；反社会人格障碍的患者攻击暴力行为多见，一些未治疗的精神分裂症患者在幻觉和妄想的支配下，也会出现暴力行为。

（二）精神病患者的心理干预

关于病耻感，医务人员应该公平对待精神病患者，从患者踏进医院开始，挂号、收费人员、护理、辅助人员和医生都应该像对待其他患者一样对待精神病患者，尊重其人格和保护其隐私。

不能因为精神病而延误其他疾病的治疗。还有很重要的一点，因为精神病患者在发病期间有部分人是无自知力的，所以对家属疾病健康教育很关键。医务人员需引导家属树立正确疾病观，既不能歧视患者也不能过分迁就，例如，在疾病缓解期，父母应该像对待其他兄弟姐妹一样对待患者，不能搞特殊化。

对于孤独、回避社交和无价值感，通过支持心理治疗，鼓励、引导患者看到自身价值，激发患者内在积极因素。主动帮助患者联系社区康复中心，使患者得到良好的康复治疗，避免精神残疾的发生，促进患者早日回归社会。

对于无自知力的患者，医务人员应该理解患者目前的行为是疾病一种症状，积极改进治疗方法，最快时间争取缓解精神病性症状。

最关键的一点，面对精神病患者时医务人员应该始终保持防自杀、防攻击行为的敏感性，同时又不能过于紧张，草木皆兵。需了解抑郁患者自杀相关因素、哪些精神疾病容易出现攻击行为？例如，抑郁症容易自杀时间点是早醒凌晨时分、丧偶老年男性自杀成功率更高、有过自杀家族史的患者更容易自杀。工作人员应及时医护沟通并告知家属注意防范自杀。有两类精神疾病，反社会型人格障碍、偏执型精神障碍容易对医务人员发生猜疑和冲突。在冲突发生的现场医务人员要保持冷静，不要指责、呵斥患者，避免患者目光对视，疏散人群，平静等待救援来到。同时尽快联系精神科医生会诊或转介入专科精神病院。但是大部分精神疾病，尤其在疾病的缓解期都是安全的。

案例 6-1 分析 郑某在得知自己患了恶性肿瘤，先是哭闹，后不相信医生的诊断，反复换医生甚至换医院，希望否认癌症的诊断。正是恶性肿瘤患者心理表现，首先是休克-恐惧期，而后进入否认-怀疑期，同时郑某存在明显的术前焦虑，反复询问自己手术的过程，担心、恐惧手术中发生意外。

第 5 节 心理护理的概念、原则与程序

一 心理护理的概念

心理护理是指护理全过程中，护士通过各种方式和途径，积极地影响患者的心理活动，帮助患者心身康复。需要强调的是随着现代医学模式转变，心理护理是整体护理核心部分，需要贯穿整个护理过程。

心理护理概念有广义和狭义之分。前者指护士不拘泥具体形式、可积极影响患者心理活动的一切言谈举止；而后者是指护士主动运用心理学的理论和技能，按照程序、运用技巧，帮助患者达成最适宜的身心状态。

二 心理护理的原则

（一）以心理学理论和技术为指导

临床心理护理实施是否具有科学性和疗效的成败，很大程度上取决于实施者能否较好地掌握借以指导临床心理护理的新理论、新技术。也只有系统地掌握心理护理的理论和应用技术的护士，才能较准确地把握患者心理规律，才能较深入地分析患者心理失衡的个体原因，才能帮助患者尽快地康复。

（二）评估患者心理问题、选择护理对策

在临床工作中，不能一概而论，要做到每一个患者具体分析评估，采用不同的心理方法。评估患者应主要把握三个环节：①确定患者主要心理反应的性质，如是以焦虑为主、还是以抑郁无助为主；②患者主要心理反应的强度，是否能继续坚持治疗，是否已经影响到躯体疾病；③确定导致心理问题的原因，如是否疾病认知、社会支持、人格特征或环境影响等。

（三）具有积极的职业心态

护士积极的职业心态，指护士在职业角色扮演中，能始终如一地保持较稳定、健康的身心状态，能较主动、富于同情地关心患者病痛，能注重把心理护理的效应渗透到护理过程的每个环节。同时护士的职业心态越积极，其内在潜力就越能得到充分调动，工作就越具有主动性和创造力，越利于患者疾病恢复。

三 心理护理的程序

心理护理的实施程序，也可称之为心理护理的基本步骤，它是一个连续、动态的过程，可以因不同的患者灵活运用，主要分为下述四个步骤。

（一）建立良好的护患关系

要求实施护理的过程中，始终把建立良好的医患关系放在首位，并贯穿心理护理过程的始终。此环节护理人员要遵循不违背患者主观意愿，不泄露患者的隐私的基础上，采用有效的沟通技巧，尽快建立良好护患关系。

（二）信息采集和心理症状评估

主要指收集与患者心理变化相关的信息，例如，患者病前性格、最近是否出现焦虑、抑郁和失眠，这些症状程度如何，是否会影响患者的疾病治疗等。分析导致这些症状可能的原因。然后做出患者心理症状基本评估。

（三）选择适宜的对策

考虑患者心理活动共性规律的基础，结合具体患者心理评估结果，灵活制订心理应对策略。例如，老年人特别需要尊重和怕孤独，护理人员可以在态度和言语上，表示对患者敬意，常和患者聊天等。而婴幼儿患者，喜欢母亲怀抱，护理人员应适时搂抱患儿，增加其安全感。对焦虑患者多采用轻松示范行为和态度，对消极悲观的患者多给予积极肯定和鼓励。

（四）评估疗效

心理护理疗效的评估，应综合性评估，包括患者的主观体验和客观躯体指标。如果患者心身状态适宜，可暂时中断个性化心理护理；对疗效差的患者，需要深入了解心理症状和成因，调整心理护理策略。

目标检测

选择题

A_1/A_2 型题

1. 患者患病后，不愿担任患者角色，仍然坚持工作，这是违背了患者角色权利和义务的哪一条
   A. 免除通常的社会责任
   B. 患者不必为其疾病负责
   C. 必须同医务人员合作
   D. 必须有使自己尽可能快地好转的动机

E. 必须寻求技术上使自己复原的帮助

2. 治愈疾病的基础条件是
   A. 生理需要　B. 爱和归属的需要
   C. 安全需要　D. 尊重需要
   E. 自我实现的需要

3. 癌症患者听到癌症的诊断后，出现心理反应的顺序是
   A. 休克-恐惧期、否认-怀疑期、愤怒-沮丧期、接受-适应期
   B. 否认-怀疑期、休克-恐惧期、愤怒-沮丧期、接受-适应期
   C. 休克-恐惧期、否认-怀疑期、接受-适应期、愤怒-沮丧期
   D. 否认-怀疑期、休克-恐惧期、接受-适应期、愤怒-沮丧期
   E. 以上都不对

4. 大多数终末期患者最早的心理反应是
   A. 否认　B. 抑郁　C. 愤怒
   D. 恐惧　E. 焦虑

5. 手术患者术前最常见的情绪反应是
   A. 抑郁　B. 过度依赖　C. 焦虑
   D. 敌意　E. 愤怒

6. 良好的医患关系的作用是
   A. 有利于诊断和治疗
   B. 有利于疾病恢复
   C. 有利于患者的情绪
   D. 有利于医务人员的健康
   E. 以上都是

7. 医务人员称呼患者的姓名，而避免叫床号，这是为了满足患者的
   A. 被认识接纳的需要
   B. 被关心尊重的需要
   C. 获取信息的需要
   D. 安全的需要
   E. 早日康复的需要

8. 某患者，即将进行肺部肿瘤切除术，术前除了对患者进行躯体准备外，以下哪些心理准备是有效的
   A. 提供情绪支持
   B. 提供有关信息
   C. 进行行为应对训练
   D. 对手术提供示范和脱敏
   E. 以上准备均有效

9. 某患者，来心理门诊就诊，医生和她采取以下的沟通方式均属于非语言沟通，除了
   A. 面部表情　B. 说话声调
   C. 书面通知　D. 身体姿态
   E. 眼神手势

A_3/A_4型题

（10～12题共用题干）

女性，50岁。一个月前因胃癌进行胃大部分切除术。术后一般情况良好，但是患者情绪低落，经常独自流泪，对自己的生存非常悲观，各种兴趣下降，整夜难眠，经常出现轻生的念头

10. 患者的这种情绪状态是
    A. 焦虑反应　B. 抑郁反应
    C. 恐怖反应　D. 愤怒反应
    E. 以上都不是

11. 患者这种情绪反应强度主要取决于
    A. 患者疾病的痛苦程度
    B. 患者可能的生存期长短
    C. 病情对于前途的影响
    D. 患者经济上损失
    E. 患者赋予所失去东西的主观价值

12. 对于这种患者，临床上一般采取哪些干预措施
    A. 支持性心理治疗　B. 认知疗法
    C. 精神分析法　D. 药物治疗
    E. 以上都是

（孙雅娜）

第7章　心理评估

客观量化的心理评估，可以为确定患者的心理问题、检验治疗技术是否有效提供客观依据，是确保心理研究及治疗科学性、有效性的前提条件。本章主要介绍心理评估的基本程序和常用方法、心理测验的分类及应用心理测验的一般原则。

第1节　心理评估概述

● 案例 7-1

李某，男，18岁，大一学生。在网上偶得一心理测验，测出结果指出其有轻度焦虑、中度抑郁及轻度强迫，李某对自身的健康感到担忧，在同学的建议下前来校医院心理科寻求帮助。

问题：以上案例中，对李某的担忧应该给予怎样的处理？

一　心理评估的概念

心理评估是依据心理学的理论及方法对人的心理品质及水平所做出的鉴定。所谓心理品质包括心理过程及人格特征等，如情绪状态、智力、记忆、性格等。心理评估在心理学、医学、教育学、人力资源管理、军事和司法等部门有着十分广泛的用途。

二　心理评估的基本程序和常用方法

现有临床心理评估方法很多，但常用的方法主要有调查法、行为观察法、访谈法、问卷法、作品分析法、心理测验的方法。不同的方法有着各自的特征。

（一）调查法

调查法包括历史调查和现状调查。历史调查主要有查阅档案、文献资料和向了解患者过去经历的人收集资料等方法。现状调查主要围绕与当前问题有关的内容进行。调查方式除一般询问外，还可以采用调查表的形式进行，调查的对象包括患者及其周围的人。

（二）行为观察法

观察法是通过对被评估者行为表现直接或间接（如摄影、录像设备等）的观察或观测而进行心理评估的一种方法。行为观察能够在比较自然的情况下提供被观察者在生活或特殊环境中

（如学校、医院）的行为方式概况；能提供有关被观察者个人行为特征的信息；能为工作人员进行心理评估和制订干预计划提供系统的行为观察记录；能对其亲属或其他人所提供的有关观察对象的心理特征和状态进行客观验证；能在一种比较自然的情境下，对从心理测验中获得的有关被观察者和患者的心理和行为特征进行评价和验证；对婴幼儿和某些特殊人群（如发展迟缓儿童、聋哑人和语言障碍者等），行为观察有独到的作用。

1. 观察情境　对行为特征进行观察可以在完全自然环境下进行，可以在实验室情境下进行，也可以在特殊环境中进行观察，应了解同一被观察者在不同的情境下所表现的行为是有可能不同的。

（1）自然观察法：是指在自然情境（如家庭、学校、幼儿园或工作环境）中，被评估者的行为不受观察者干扰，按照其本来方式和目标进行所得到的观察。

（2）控制观察法：是指在经过预先设置的情境中所进行的观察。因此评价观察结果时，应考虑和评价影响行为差异的原因和性质。

2. 观察内容　观察的目标行为因心理评估的目的、采用观察方法的不同及在观察的不同阶段可能有所不同，但是观察的目标行为必须十分清楚，是与评估目的密切相联系的行为特征。

3. 观察时间　观察期、观察次数、间隔时间和观察持续时间必须严谨确定。每次观察的时间一般在 10～30 分钟。观察次数可以根据实际情况制订，如果一天内进行多次观察，则分布在不同的时候，以便较全面地观察被观察者在不同情境下的行为表现。

4. 观察资料记录　观察资料的记录方法有叙述性记录、评定性记录、间隔性记录和事件记录。

5. 行为观察法的注意事项　在观察研究过程中，特别是在自然条件下进行观察时，经常会有一些特殊事件的产生，在不同程度上干扰观察目标行为的发生、发展或进程，此时观察者应当记录这些特殊事件的情况及对被观察目标行为所产生的影响。

（三）访谈法

1. 访谈的概念　访谈是指临床工作者与患者或来访者之间所进行的一种有目的的会晤，其基本形式是一种面对面的语言交流，也是心理评估中最常用的一种基本方法。访谈参与者包括访谈者和来访者双方，在临床工作中，前者可以是医师、护士或临床心理学家，后者可以是患者或其他来访者。

访谈不同一般的谈话，其目标很清楚，它的内容和方法都是围绕达到这个目标而组织的。访谈的目的一般包括以下四个方面。

（1）收集那些用其他方法难以获得的信息。

（2）与来访者建立起良好的关系以便获得这些信息。

（3）在访谈过程中双方对来访者有问题的行为逐渐达成一致的理解和看法。

（4）帮助来访者认识他们有问题的行为，并且为解决这些问题提出指导和给予支持。

2. 访谈技术和策略

（1）倾听：所谓倾听对方的谈话不仅仅是听听而已，访谈者还要借助言语引导，真正“听”出对方所讲述的事实，所体验的情感，所持有的观念等。

（2）观察来访者的语速及音调：人们的言语表达借助于音量、音调及言语速度的变化，能够表达多种复杂细微的感情和情绪变化。如音调提高表明了人们对所谈事物的看法（如强调、重视）和情绪（如激动、兴奋等）；音调的降低也是这样，可能表明对方主观上意识到所谈内容与人们一般看法不一致，或正是谈到了使之感到痛苦抑郁的部分。说话节奏的变化可能表明情绪的激昂与兴奋，而节奏变慢可能说明对方正在进行某种思考，或说出某事心理上有阻抗。

（3）观察非言语行为：在交谈中得到的信息，不只是凭言语内容，还要靠非言语的行为。人的非言语行为是非常丰富的，即使是当人们沉默地坐在一起，那里的气氛中也充满着各种信息。Mehrabion 在研究交谈中信息的来源时，得出面部表情占 55%，谈话音调占 38%，谈话内容只占 7%。一个有效的访谈要能理解下列非言语行为：躯体行为、面部表情、声音特征、自发的生理反应、个人的生理特征、个人的总体印象六个方面。

（4）建立良好的关系：在访谈过程中，访谈者与来访者之间的关系是非常重要的，是访谈能否顺利进行下去的关键所在。访谈者要利用共情、积极关注、尊重与温暖、真诚可信的方法与来访者迅速建立良好的关系。

（5）善于利用来访者自然流露的信息：在访谈开始的时候，应当允许来访者自然建立适合自己的情境，有时来访者可能会用他们自己深层的感受和关注，营造一个氛围，自然流露一些信息，这时候访谈者应当记下这些信息，因为将来可能要重新与来访者讨论这些信息。

（6）使用恰当的词语：访谈者在询问和做出反应时，要使用来访者容易理解的词，应当避免使用模棱两可的词汇或双关语，也应避免使用专业术语。

（7）系统地提出合适的访谈问题语句：访谈时访谈者应提出合适的开放式的问题，这些问题的含义较广，如“我能帮助你什么？”“告诉我有关你家里的情况？”而不采用含义太狭窄的问题，如“你儿子在学校喜欢什么课程？”同时，在提出这些问题时应注意以下几点。

1）避免“是否”问题。这类问题只要求来访者简单地回答“是”或“否”，无法了解更多的信息。

2）避免问题过长或多重提问。如“告诉我有关你父母、朋友、同事的情况？”因为来访者在回答此类问题时可能只回答一部分，回避另外部分，再者重复可能导致来访者的抵制情绪。

3）提问时应直截了当，避免转弯抹角，使来访者难以理解，不知如何回答。

4）分清接受和赞同之间的差别。接受来访者的观点是指访谈者根据自己的知识接受来访者的观点；赞同来访者的观点是指访谈者同意来访者所陈述的观点是正确的。在访谈过程中，当来访者谈及一个与特殊事件有关的事，访谈者应试图去理解和接受他们的观点而不是赞同，也不要轻易去打断来访者所述的信息。

5）避免使用令人窘迫的问题。例如，问儿童的学业成绩时避免使用“你有几门功课不及格？”而改为“你在学校哪些功课觉得比较困难？”更妥当一些。

（8）利用结构性陈述，缓解紧张情绪：在访谈开始时告诉来访者这次访谈的性质有助于减轻他们的紧张并使访谈更有效，更有针对性。结构性陈述能影响来访者的行为并指导他们如何交往。例如，访谈者说：“这次访谈的目的是找出一种能帮助您儿子的方法”。这类陈述是建立在前次已经了解了来访者儿子的问题的基础上，希望来访者提供有用的信息。另一个例子，访谈者说：“我们有 1 小时的交谈时间，请你谈谈你所面临的问题。”这一陈述表明访谈有时间限制，焦点是来访者的问题，并邀请来访者一起来讨论这个问题。

（9）适当给予鼓励：各种能表达访谈者对来访者的谈话感兴趣的技术都能促进访谈的顺利进行。访谈者在访谈中对于来访者的谈话应不时以简短的重复或仅以某些词语如“嗯”“是这样”或“后来呢？”等语句表示鼓励。还可以采用经常使用来访者姓名、保持眼神接触、友好关切的表情等来表达对来访者的关心和认真倾听。

（10）及时做出适当的反馈：不时对来访者的谈话做出适当的反应，能为他们提供反馈信息，表明能理解他们，并帮助他们更清晰地表达自己的感受和其他内容。反馈还有另一个用途，如果访谈者对来访者的交谈理解有误，来访者通过言语反应能够发现并纠正访谈者的理解。

（11）切忌突然转变话题：在访谈过程中如果需要改变话题，应尽可能避免突然转到另一个题目，最好是在来访者回答完前面的题目后再转向另一个话题，通常可以说“下面我们讨论一下……”。有时来访者在谈论一个话题时，试图引入另一个相关的新话题，访谈者必须警惕访谈有可能转题，但有时来访者是因为想回避一些敏感但有关联的内容，企图将话题引开，对此要注意分析清楚，再做出恰当的判断。

（12）有分寸的自我暴露：有时来访者会询问与访谈者本人有关的问题，回答此类问题时应当谨慎，如果你认为与来访者共享这些信息有助于达到目的那么便可直接回答，但应注意别占用过多的时间，显然有时谈出自己的感受和经验有助于访谈，利于彼此产生共鸣。

（13）注意控制自己的情感：在访谈过程中，访谈者可能对来访者所说之事产生各种各样的情感，访谈者应善于控制住自己的情感，避免干扰访谈或者影响来访者的情绪。

3. 访谈方法的局限　尽管访谈法与测验法相比有其自身的独到之处，是获取第一手资料的重要途径，但此方法是在一种开放式的、弹性较大的、比较模糊的情境下进行的，访谈者也容易对来访者的某一特殊问题进行深入观察和探讨，因此这种方法也存在一定的局限性。其中无结构式访谈的最大问题是很容易产生“偏好效应”，信度和效度通常难以确定，技术掌握的熟练程度和经验的丰富与否，来访者在访谈中有可能提供不准确的信息或过于隐晦或模棱两可，以及所需时间较长，受环境的限制等原因很容易影响整个访谈的结果，从而导致不正确的结论。

（四）问卷法

1. 问卷法的概念与分类　问卷法是调查者通过事先设计好的问题来获取有关信息和资料的一种方法。调查者以书面形式给出一系列与研究目的有关的问题，让被调查者做出回答，通过对问题答案的回收、整理、分析，获取有关信息。

2. 问卷法的优缺点

（1）问卷法的优点：①效率高。问卷调查采用团体方式，可以在很短时间内同时调查很多人。用计算机处理问卷资料也明显节省了分析的时间和费用。②结果较客观。问卷调查通常采用匿名的形式，它有利于调查对象无所顾忌地表达自己的真实情况和想法。特别是当问卷内容涉及一些较为敏感的问题和个人隐私问题时，在非匿名状态下，调查对象通常不愿意表达自己的真实情况和想法。③形式统一。问卷调查对所有的被调查者都以同一种形式提问、要求以同一种形式回答，方便统计分析。

（2）问卷法的缺点：①缺乏灵活性。问卷中大部分问题的答案由问卷设计者预先划定了有限的范围，缺乏弹性，这使得调查对象的回答受到限制，从而可能遗漏一些更为深层、细致的信息。②回收率低。问卷的回收率和有效率比较低。在问卷调查中，问卷的回收率和有效率必须保证有一定的比率，否则，会影响到调查资料的代表性和价值。

3. 问卷的结构　通常一份完整的问卷，一般包括标题、前言、指导语、问题、选择答案、结束语等。

（1）前言：是调查的内容、目的与意义。前言通常包括关于匿名的保证，对被调查者回答问题的要求，调查者的个人资料，如是邮寄的问卷，写明最迟寄回问卷的时间，对被调查者的合作与支持表示感谢。

（2）指导语：主要是用来指导被调查者填写问卷的注意事项，如果需要，还可以附有样例。指导语要简明易懂，使人一看就明白如何填写（如果设计的问卷题型比较单一，这部分的内容可以与前言部分合在一起）。

（3）个人基本资料：要求填写的项目一般都是在研究中考虑到的变量。例如，要比较男女生的发病率，性别就是一个变量；要了解父母亲文化程度对子女智力是否有影响，父母亲的文化程度就是一个变量。研究中不涉及的项目，就不一定在个人基本情况中出现，以保持问卷的简洁。

（4）问题与选择答案：问题和选择答案是问卷的主体部分。问题是问卷的核心内容，编制的问题要简洁明了，要适应被调查者的程度，符合研究的目的要求。答案可用开放式和封闭式答案，要根据实际情况而定。采用封闭式答案要按标准化测验的要求设计题目和答案（参考心理测验部分），答案要准确，符合实际，便于选择。

（5）结束语：要对被调查者的合作表示感谢，提醒被调查者不要漏填并复核答案。这一表达方式的目的，在于显示调查者的礼貌，督促被调查者消除无回答问题、差错的答案。例如，问卷到此结束，请您再从头到尾检查一次是否有漏答与错答的问题。最后，衷心地感谢您对我们调查的热情支持。

（五）作品分析法

作品是指患者的日记、书信、图画、工艺品等创作，也包括其生活和劳动过程中出现的事件和制作的产品。通过分析这些作品可以有效地评估其心理水平和心理状态。弗洛伊德曾分析过达·芬奇的名作《蒙娜丽莎的微笑》，就是从作品出发分析画家的情感、人格等心理状况。

（六）心理测验法

所谓心理测验是根据一定的法则用数字对人的行为加以确定，即依据一定的心理学理论，使用一定的操作程序，给人的行为和心理属性确定出一种数量化的价值，其实质是通过观察人的少数具有代表性的行为，对贯穿在人的全部行为活动中的心理特点做出推论和数量化分析的一种科学手段。这种方法具有如下特点。

1. 心理测验的间接性　心理测验是一种间接的测量。这与某些物理现象的直接测量是大不相同的，以现有的科学发展水平，尚无法直接测量人的心理，只能测量人的外显行为，以推论其心理特质。每一个人都有其独有的个人特质，是在遗传与环境的影响下形成的，对刺激做出反应的一种内在倾向。例如，一个人喜欢阅读机械杂志，喜欢观看各种机器转动，热心为别人修理各种器械，由此可以推论此人具有机械兴趣的特质。

2. 心理测验的相对性　对人的行为进行比较，没有绝对的标准，也没有绝对零点，有的只是一个连续的行为序列。所有的心理测验都是看每个人处在这个序列的什么位置上，因此，位置具有相对性。由此所测得的一个人智力的高低，兴趣的大小等，其实都是与其所在团体的大多数人的行为或某种人为确定的标准相比较而言的。

3. 心理测验的客观性　即测验的标准化问题，在测验的刺激、反应的量化、分数的转换和解释方面都经过标准化。虽然目前心理测验的客观化尚需进一步提高，但它毕竟是测量人心理特质较为客观和科学的方法，目前还没有更为有效、更为实用的办法能够取代它。

第2节 心理测验的分类

一 按不同标准分类

标准化测验可以按不同的分类标准加以分类。主要标准有如下几个方面。

（一）按测验的功能分类

1. 能力测验　是心理测验中的一大类别，包括智力测验、儿童发展量表和特殊能力测验。智力测验，主要用于测量个体的一般智力水平；常用的智力测验有比内·西蒙量表、韦克斯勒儿童和成人智力测验、瑞文标准测验等。儿童发展量表主要用于评估出生后至3岁左右婴幼儿的心理成熟水平。特殊能力测验偏重测量个人的特殊能力倾向，如思维、记忆、绘画、音乐等能力，多为升学、职业指导及一些特殊工种人员的筛选所用。

2. 人格测验　主要用于测量性格、气质、兴趣、态度、品德、情绪、动机、信念等方面的个性心理特征，亦即个性中除能力以外的部分。常用的个性测验有明尼苏达多项人格测验（MMPI）、卡特尔16种个性因素测验（16PF）、艾森克人格问卷（EPQ）、罗夏墨迹测验、主题统觉测验（TAT）等。

3. 神经心理测验　是通过测量可观察到的行为，评估大脑功能状况，为脑损伤的临床诊断、治疗措施和康复计划制订、评估疗效等提供帮助。例如，霍尔斯泰德-瑞坦神经心理成套测验，通过范畴测验、触觉操作测验、音乐节律测验、手指敲击测验等十方面的内容，来判断脑损伤的程度。

4. 临床心理评定量表　症状评定量表主要用于评价症状有无及其程度。国内外常用症状评定量表有90项症状自评量表（SCL-90）、抑郁自评量表（SDS）和焦虑自评量表（SAS）等。

（二）根据测验时人数分类

1. 个别测验　通常是由一位主试者和一位受试者面对面地进行，因此主试者可以较多地观察和控制受试者反应的机会，尤其适用于一些特殊群体（儿童或文盲等）。其主要缺点是不能在短时间内经由测验收集到大量的资料，而且个别测验手续复杂，主试者需要较高的训练与素质，一般人不易掌握。

2. 团体测验　是在同一时间内由一位主试者（必要时可配有助手）对多数人施测。此类测验的优点是可以在短时间内收集到大量资料，因此易于建立常模；其缺点是受试者的行为不易控制，容易产生测量误差。

（三）根据测验材料分类

1. 语言或文字测验　测验的项目是以语言或文字呈现，受试者也要用语言或者文字作答。它可以测量人类高层次的心理功能，其编制和实施也较容易；但是其不能运用于语言有困难的人，并且受文化程度的影响。

2. 操作测验　以图形、符号或实物为测验材料。受试者的作答无须使用语言或文字，常以操作表达或回应，不受文化因素的限制；但是费时太多，不易团体施测。

（四）按测验材料的严谨程度分类

1. 客观测验　指测验所呈现的刺激词句、图形等意义明确，只需受试者直接理解，无须发挥想象力来猜测和遐想。绝大多数心理测验都属于这类测验。

2. 投射测验　指测验所呈现的刺激没有明确意义，问题模糊，对受试者的反应也没有明确

规定。受试者需要对刺激材料发挥想象力加以填补，使之具有意义。投射测验因测验过程中受试者不明确测验目的，因此可绕过受试者的心理防御，去除大部分掩饰性成分，所得结果可更真实反应受试者潜意识。例如，罗夏墨迹测验、主题统觉测验等。

二 常用心理测验

（一）智力测验

智力测验是对智力进行量化的工具。智力测验的结果以智商（IQ）来表示。比内首先提出了智龄的概念，然后在此基础上产生了比率智商概念。为了克服比率智商的缺点，随后又产生了目前在智力测验中广泛使用的离差智商的概念。

比率智商的计算方法：比率智商=MA/CA×100。式中 MA 为智力年龄，指智力测验反映的智力发展水平；CA 为实龄，指测验时的实际年龄。比率智商不适用于成人。

离差智商的计算方法：离差智商=（X–M）/S×15+100。式中 X 为某人测验分数，M 为某人所在年龄人群的平均分数，S 为该年龄组测验分数的标准差。离差智商特点是根据受试者的测验成绩与同年龄组人群的平均成绩差异大小计算智商。

1. 斯坦福-比内量表　是一种个别施测的标准化智力测验，自 1916 年修订完成并广泛使用后，又经过两次修订，内容上做了很多变动，1986 年出版最新的第四版。适用于 2～18 岁的受试者。测验题目经过严格的筛选，按从易到难的顺序排列在各分测验中，由受过专业训练的测试人员对儿童进行单独测量和计分。目前版本由 15 个分测验构成，代表着 4 个主要的认知领域：言语推理、抽象或视觉推理、数量推理和短时记忆。在测验过程中，每一步骤的实施必须遵照标准程序。测验一般从低于儿童年龄的较容易的题目开始，在儿童不能回答更难的问题时结束。

2. 韦克斯勒智力量表　美国贝尔维精神病院主任、医学心理学家韦克斯勒（D. Wechsler）长期从事心理测验的编制和研究工作，在智力测验方面做出了杰出的贡献。他编制了一套韦克斯勒成人智力量表（WAIS），还编制了适用于 6～16 岁儿童的韦克斯勒儿童智力量表（WISC）和适用于 4～6.5 岁儿童的韦克斯勒幼儿智力量表（WPPSI）。韦氏三个量表既各自独立，又相互衔接，适用于 4 岁到 74 岁的受试者，是国际上通用的权威性智力测验量表。这三个量表分别于 70 年代末，80 年代初由我国心理学家引进，主要由中南大学湘雅医学院龚耀先先生修订。

韦克斯勒是根据人类智力是由几种不同的能力组合而成的观点来编制其量表的。因此，韦克斯勒智力量表不仅能了解个体智力发展的水平，而且能够了解构成个体智力各因素发展的特点。韦氏量表包括言语和操作两个分量表，言语分量表包括常识、理解、算术、类同、词汇和背数（又称数字广度）6 个测验项目。操作分量表包括填图、图片排列、积木图案、拼图、译码和迷津 6 个分测验。韦氏量表可以同时提供总智商分数、言语智商分数和操作智商分数及 10 个分测验分数，能较好地反映智力的整体和各个侧面。

（二）人格测验

人格测验有两种方式：一种是以不明确的刺激来投射出个体潜意识中的欲望、需求、态度和心理冲突，主要有罗夏墨迹测验、主题统觉测验、文字联想测验，画人或画树测验为代表；另一种是经过标准化处理的测验量表，如 EPQ，MMPI、16PF 等。基中 EPQ 是目前医学、司法、教育和心理咨询等领域应用最为广泛的问卷之一。

艾森克人格问卷（eysenck personality questionnaire，EPQ）是英国伦敦大学心理系和精神病研究所艾森克教授编制的。他搜集了大量有关的非认知方面的特征，通过因素分析归纳出三个互相成正交的维度，从而提出决定人格的三个基本因素：内外向性（E）、神经质（又称情绪性）（N）和精神质（又称倔强、讲求实际）（P），人们在这三方面的不同倾向和不同表现程度，便构成了不同的人格特征，有成人和少年两种形式。各量表的具体含义如下。

1. 内外向性（E） 分数高表示人格外向，可能是好交际、渴望刺激和冒险，情感易于冲动。分数低表示人格内向，可能是好静，富于内省，除了亲密的朋友之外，对一般人缄默冷淡，不喜欢刺激，喜欢有秩序的生活方式，情绪比较稳定。

2. 神经质（N） 反映的是正常行为，与病症无关。分数高可能是焦虑、担心、经常郁郁不乐、忧心忡忡，有强烈的情绪反应，以至于出现不够理智的行为。

3. 精神质（P） 并非暗指精神病，它在所有人身上都存在，只是程度不同。但如果某人表现出明显程度，则容易发展成行为异常。分数高可能是孤独、不关心他人，难以适应外部环境，不近人情，感觉迟钝，与别人不友好，喜欢寻衅搅扰，喜欢干奇特的事情，并且不顾危险。

4. 掩饰性（L） 测定受试者的掩饰、假托或自身隐蔽，或者测定其社会性朴实幼稚的水平。掩饰性与其他量表的功能有联系，但它本身代表一种稳定的人格功能。

（三）临床评估量表

1. 症状自评量表（symptom checklist 90，SCL-90）是当前研究神经症及综合性医院住院患者或心理咨询门诊中应用最多的一种自评量表。有 90 个评定项目，每个项目分五级评分，包含了比较广泛的精神病症状学内容，从感觉、情感、思维、意识、行为直至生活习惯、人际关系、饮食等均有涉及，能准确刻划受试者最近一周以来的自觉症状，能较好地反映受试者的问题及其严重程度和变化，主要包括下述因子：①躯体化；②强迫症状；③人际关系敏感；④忧郁因子；⑤焦虑因子；⑥敌对因子；⑦恐怖因子；⑧偏执因子；⑨精神病性；⑩其他：该因子是反映睡眠及饮食情况的。

2. 抑郁自评量表（self-rating depression scale，SDS）是由 Zung 于 1965 年编制而成。能全面、准确、迅速地反映受试者抑郁状态的有关症状及其严重程度和变化。本测验为短程自评量表，操作方便，容易掌握，不受年龄、性别、经济状况等因素影响，应用范围颇广，适用于各种职业、文化阶层及年龄段的正常人或各类精神病患者。包括青少年患者、老年患者和神经症患者，也特别适用于综合医院以早期发现抑郁症患者。

3. 汉密尔顿焦虑量表（hamilton anxiety scale，HAMA）由 Hamilton 于 1959 年编制。最早是精神科临床中常用的量表之一，包括 14 个项目：焦虑、紧张、害怕、失眠、认知功能、抑郁心境、躯体性焦虑、感觉系统症状、心血管系统症状、呼吸系统症状、胃肠消化道症状、生殖与泌尿系统症状、自主神经系统症状、与人谈话时的行为表现。HAMA 所有项目采用 0～4 分的 5 级评分法，各级的标准为：0 分为无症状；1 分为症状轻；2 分为中等；3 分为症状重；4 分为症状极重。

第 3 节　应用心理测验的一般原则

一 标准化原则

标准化测验必须通过一套标准程序建立测验内容，制订评分标准，固定实施方法，符合心理测验学要求的技术指标，并达到国际公认的水平。对于标准化测验，实施方法也要做到标准化，主试者必须按照规定施测，以得到可靠的结果。有些人在使用测验时，由于不了解测验标准化的意义及方法，因此经常任意变更施测的程序，忽略测验实施的各种要求（如指导语、记分方法等）而导致结果的误差。记分和解释的过程是将受试者的反应数量化并赋予意义的过程，它们也必须遵循标准化的原则，而采用符合标准化心理测验特征的量表又是测量客观性的根本保证。标准化心理测验的基本特征如下所述。

（一）常模

常模是指测验的参照分数，是解释测验结果的依据。对于一个测得的分数，要说明它的意义，必须有常模比较才能了解。心理测验的常模是通过标准化的程序建立起来的。常模有年龄常模、百分等级常模、标准分常模等，用于测验时，要根据实际需要选用适合的常模。

（二）信度

信度是指测验分数的可靠性或结果的稳定性。它还代表着一个人或一群人在不同的情况下，对同一测验测量结果相符或相一致的程度。任何测验都存在误差，误差和信度成反比，误差越小，信度越高；误差越大，信度就越低。信度通常是以同一样本所得两组资料的相关表示，这就是信度系数。信度系数的大小，表示信度的高低。根据分数的误差来源不同，估计信度系数的方法也不同。常用的方法有再测法、复本法、折半法。信度用系数取值范围为 −1～+1 之间。一般来说，系数越大说明一致性高，测得的分数可靠；反之则相反。信度的高低与测验性质有关。通常能力测验的信度（要求 0.80 以上）高，人格测验的信度（要求 0.70 以上）低。

（三）效度

效度是一个测验能够测量某种行为特征的真实性和准确性程度。效度越高则表示该测验测量的结果所能代表要测量行为的真实度越高，能够达到所要测量的目的。对于一个标准测验来说，效度比信度更为重要。一项测验有信度不一定有效度，但效度高信度也一定高。所以效度是一个标准化测验的必要条件。检验效度的方法有许多种，因测验的性质不同而有所不同。根据美国心理学会在 1974 年发行的《教育和心理测验之标准》所述，将测验效度分为内容效度、构想效度和效标关联效度（或称实证效度）。具有一定效度的心理测验，才能成为正确而有效的测量工具。

二 客观性原则

（一）正确认识心理测验

心理测验是研究心理的重要方法，是心理诊断和做决策的重要工具。但是，心理测验尚有不完善的地方，其局限性概括起来有三个方面：一是不同的心理测验所依据的理论基础不尽相同，所测特质的定义、观点及概念系统也不同，同样性质的测验测量的可能是不完全相同的心理特质；二是心理测验是对人的心理特质的间接测量与取样推论不可能完全准确；三是作为指导测验编制的“测量理论”，无论是经典性的还是现代新提出的，都有一些比较脆弱的假设。因此，必须要以科学、严肃、慎重、谦虚的态度对待心理测验，绝不能视心理测验为唯一准确可靠的诊断工具。正如心理学家潘菽教授指出的那样：“心理测验是可信的，但不能全信，心理测验是可用的，但不能完全依靠它。”

（二）慎重选择测验工具

选择恰当的测验，第一要选择按照科学方法编制的，经过标准化程序处理的心理测验；第二要根据所要测量的心理特征和测验手册中的有关的介绍来认识并选择恰当的心理测验；第三是选择测验人员。心理测验是一种专业性、技术性较强的工作，测验的选择、施测、记分、解释应由训练有素的专业工作者担任。

（三）要慎重解释与使用测验结果

主试者与受试者讨论测验的结果时，以建设性的方式向其传达真实和准确的信息；要考虑施测中可能带来的误差，并结合整个背景对结果做必要的矫正。要考虑测验分数给受试者所带来的心理压力，在解释分数时，一方面要十分慎重，避免感情用事、虚假的断言和曲解；另一方面，又要做必要的思想工作，防止因分数低或分数高而产生不良的心理状态。

三 保密性原则

保密包括对测验内容的保密及对测试结果的保密。关于测验的题目、答案、计分方法等内容只有专业人员才能掌握，不允许随意散播，否则会降低测验结果的真实性。心理测验的结果属于受试者的个人资料，有些涉及隐私，工作人员理应保密。

案例 7-1 分析 首先应了解李某在网上自测的心理测验的具体情况，如为可靠性高的测验（信度、效度水平高、有适合李某的常模）需检查李某使用的版本是否正确，实测的方法是否正确，如均无误需对李某进行临床观察与访谈，从而评估李某是否存在测验结果所指症状；如发现李某所使用测验可靠性不高，则需对李某解释心理测验选择及使用的方法，及该测验结果不可靠的原因，而后对李某存在困惑的方面给予处理。

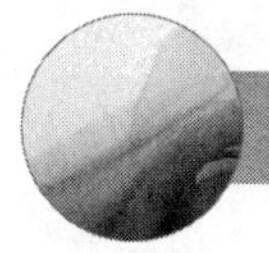

目标检测

选择题

A_1/A_2 型题

1. 洛夏墨迹测验属于一种
   A. 适应行为测验　B. 神经心理测验
   C. 精神评定测验　D. 智力测验
   E. 人格测验
2. 智力单位 IQ=（MA/CA）×100 称为
   A. 人格智商　B. 离差智商
   C. 比率智商　D. 中位数智商
   E. 百分位智商
3. 心理评估常用的方法不包括
   A. 会谈法　B. 调查法
   C. 实验法　D. 作品分析法
   E. 心理测验法
4. 心理测验工作应遵守的原则为
   A. 真诚、中立、回避
   B. 自强、自立、自省
   C. 信度、效度、常模
   D. 客观、保密、标准化
   E. 自主、学习、实效
5. “一种心理测量的工具”称为
   A. 心理评估　B. 心理鉴定
   C. 心理测验　D. 心理观察
   E. 心理调查
6. 反映一个测验工具的正确性是指该测验的
   A. 效度　B. 信度
   C. 样本　D. 常模
   E. 概念
7. “比奈-西蒙量表”属于一种
   A. 智力测验　B. 人格测验
   C. 神经心理测验　D. 评定量表
   E. 投射测验
8. IQ =100 +15Z 称为
   A. 比率智商　B. 离差智商

C. 百分位智商　D. 中位数智商
E. 人格智商

9. MMPI 属于一种
A. 智力测验　B. 人格测验
C. 许定量表　D. 投射测验
E. 神经心理测验

10. 洛夏墨迹测验作为一种心理测验，其所用的方法是
A. 投射法　B. 问卷法
C. 作业法　D. 观察法
E. 会谈法

11. 智商（IQ）“高于平常”的结论，是指其分数为
A. 70～79　B. 80～89
C. 90～109　D. 110～119
E. 120～129

（李　赢）

第8章 心理治疗

前述章节探讨了临床常见的心理问题，如抑郁症、人格障碍、不良行为、医患的矛盾冲突、应激导致的心身障碍，以及由疾病引发的恐惧、绝望心理，这些问题可以采用心理评估技术了解这些心理行为问题的表现、严重程度，接下来就要采用心理治疗的技术进行干预。

第1节 心理治疗概述

● 案例 8-1

凯思，女，52岁，诊断为胰岛素依赖型糖尿病而入院。患者入院后护士发现患者表情一时忧愁，一时愤怒，沉默寡言，于是主动与患者沟通，了解患者苦恼的原因，原来是没有人给她详细介绍病情，只有一名年轻的挂号员简单地告诉她所患的疾病，这使她感到不快和惊恐。她感到糖尿病来得太突然，心里害怕，她的一位朋友因糖尿病而导致微血管病变，出现视力下降和肾功能衰竭。此外，患者对注射胰岛素也有一些恐惧，她不想接受每天两次的胰岛素注射，也不能接受饮食习惯的改变。针对患者的情况，护士热情真诚地与她沟通，倾听她的诉说，了解她的想法和感受，运用共情和积极关注对她予以支持，运用辩驳及合理情绪想象技术改变她的“糖尿病治不好”“糖尿病会有可怕的并发症”等不合理信念，与心理科的医生联系，帮助她摆脱焦虑和对注射的恐惧，还安排她参加了糖尿病学习班。经过两次会谈后患者的态度发生了很大的转变，能主动接受胰岛素治疗和糖尿病饮食计划，消除不良情绪。

问题：上述案例是怎样体现心理治疗的性质？案例中的治疗方法属于什么治疗？体现了什么心理治疗的理论？

一 心理治疗的概念与发展状况

（一）概念

心理治疗是指由受过专业训练的治疗者，通过一定的程序与患者交流，在构成密切的治疗关系的基础上，运用心理治疗的有关理论和技术，促使患者产生心理、行为甚至生理上的积极变化，促进其人格的发展和成熟，消除或减缓其心身症状。心理治疗有以下几项基本要素。

1. 治疗者要经过正规的培训，是掌握了一定的专业理论和技能，具有合法的身份的专业人员。
2. 心理治疗必须按一定的程序进行，如安排场所、预约时间、确定治疗的次数、费用、签订协议等。

3. 心理治疗是建立在密切关系基础上的职业行为，稳定、深刻、依赖的治疗关系是治疗有效的重要因素。

4. 心理治疗是一项技术性很强的疗法，要以科学的心理学的理论和技术为指导，进行规范化的治疗。

5. 心理治疗的目的是通过引导患者对内心世界的探索、认识，情绪的疏导和认知矫正，引发其改变的愿望，增强自信并促进其自我成长；从而转变痛苦的或适应不良的心理、行为，甚至躯体症状，恢复健全的心理、生理功能。

（二）发展状况

2000 多年前的《黄帝内经》就已经认识到心理治疗的重要性，所谓“形与神俱，乃成为人；形与神离，则人死亡”，中医学中有许多著名的心理治疗案例，如“杯弓蛇影”就是一个暗示疗法的例子。西方大约在 18 世纪以后才开始有真正的心理治疗尝试，这种尝试发端于用催眠术来治疗歇斯底里的实践。一般认为，现代心理治疗的真正创始人是弗洛伊德。1895 年弗洛伊德和布洛伊尔合作出版了《歇斯底里研究》一书，这一事件通常被看作是精神分析的心理治疗的开端。精神分析从产生到 20 世纪 50 年代前，在心理治疗领域一直处于一家独尊的地位。约从 20 世纪 40 年代起，一些新的真正不同于精神分析的心理治疗体系开始出现。先是罗杰斯发展出一种“非指导的心理治疗”。接着在 20 世纪 50～60 年代，心理治疗进入一个短暂的爆发时期。一些新的治疗体系如行为治疗、认知治疗、理性情绪治疗、存在主义治疗、现实治疗、折中主义治疗等纷纷被创造出来。20 世纪 70 年代以后，新理论体系的创造趋缓，此期间一个比较重要的发展是家庭治疗。在所有这些后起的心理治疗体系中，人本主义体系、认知行为体系和家庭治疗体系，是公认较为重要的体系。

二 心理治疗的性质、区分与适应证

（一）心理治疗的性质

1. 自主性　心理治疗的关键是帮助患者自主地改变自己。心理治疗中的医患关系是合作关系，通过治疗，使患者变得越来越具有自主性和自我导向能力，对自己的情感和行为更负责任。

2. 学习性　心理治疗的过程就是一个学习的过程。心理治疗的一个基本假设是个体的情感、认知及行为都是个体过去生活经历的产物，它们是“学习”而来的。个体通过与治疗师的密切配合，通过学习获得新的，有益的情感、认知及行为方式。

3. 实效性　心理治疗是一项有实效的工作，它是有效的、有益的，而且是人道的。

案例 8-1 分析　护士热情真诚地与凯思沟通，运用共情、积极关注使凯思接纳自我，有了自我效能感，增强了自主性；通过解释、改变她的不合理信念体现学习性；以帮助她摆脱焦虑和对注射的恐惧为目标，提高她的依从性，体现了实效性。

（二）区分与适应证

1. 心理治疗与心理咨询的区分

（1）心理咨询与心理治疗的不同点：对象不同，心理咨询的对象是有心理困扰的正常人，而心理治疗的对象是心理异常的患者。内容不同，心理咨询主要解决正常人所遇到的各种心理问题，如学习问题、工作问题、婚姻问题、家庭问题和人际关系问题等；而心理治疗主要诊治某些患者的异常心理，如神经症、性变态、人格障碍、行为障碍及心身疾病等。目标不同，心理咨询的目标在于促进心理健康发展，即通过心理咨询，使来访者摆脱心理困扰，增强适应能力，充分开发潜能，提高发展水平；而心理治疗的目标在于纠正异常心理，即通过心理治疗，消除或缓解病理症状，恢复正常生活。

（2）心理咨询与心理治疗的相同点：两者所采用的理论和方法是一样的。两者都注重建立帮助者与求助者之间良好的人际关系，认为这是使求助者改变和成长的必要条件，应贯穿咨询过程或治疗过程的始终。

在实际工作中，心理咨询与心理治疗很难截然分开。因为心理异常者多数时间表现是正常的，会遇到许多现实的问题，如工作和生活适应、人际交往等问题，需要用心理咨询的方法予以调整；而心理正常的人也会出现行为消极、认知偏差、情绪失控等问题，需要用心理治疗的技术予以解决。

2. 心理治疗的适应证

（1）综合医院临床各科的心理问题：心理治疗可以处理急性疾病患者的恐惧、焦虑等心理反应；可以处理慢性患者疗程长、治疗效果不明显而产生的抑郁、绝望的心理；对心身疾病，如原发性高血压、消化性溃疡等，可以消除或缓解患者的心理社会因素，降低应激反应，达到改变疾病的过程，促进康复的效果。

（2）精神科及相关的患者：主要是治疗神经症性障碍，如神经衰弱、抑郁症、恐怖症、强迫症、焦虑症、癔症、疑病症等，也可以对恢复期精神分裂症患者的心理行为问题进行干预，这是心理治疗应用较早，也是较为广泛的领域。

（3）各类行为问题：可以对网瘾、烟瘾、酒瘾、口吃、遗尿、过食导致的肥胖、儿童行为障碍、人格障碍等，进行行为矫正。

（4）社会适应不良：对学习工作压力、人际关系紧张、重大生活事件导致的适应困难、情绪失控、失眠、自卑、行为消极和躯体症状，可以通过心理支持、行为训练、环境控制、认知改变等方法给予帮助。

（5）其他问题：心理治疗在家庭危机、灾后心理援助方面也得到应用。

（三）心理治疗的分类

1. 按心理治疗的范围划分　可以分为个体心理治疗、团体心理治疗、家庭心理治疗。个体心理治疗是指对患者实施一对一的心理治疗；是由 1～2 名治疗者和多名患者一起组成的一个治疗团体，在团体情境中为患者提供心理帮助的一种心理干预模式。它是通过团体内人际交互作用，促使患者在互动中通过观察、学习、体验，认识自我、探讨自我、接纳自我，调整和改善与他人的关系，学习新的态度与行为方式，以发展良好的生活适应的过程。家庭治疗是以家庭为对象实施的心理治疗模式，其目标是协助家庭消除异常、病态情况，以执行健康的家庭功能。家庭治疗的特点是将焦点放在家庭成员的互动与关系上，从家庭系统角度去解释个人的行为与问题，个人的改变有赖于家庭整体的改变。

2. 按照心理治疗所遵循的理论流派划分　可将其划分为精神分析学派、行为主义学派、认知学派和人本主义学派。基于这些理论的心理治疗则分别称之为精神分析疗法、行为疗法、认知疗法及以人为中心的疗法。

3. 按照心理治疗具体使用的技术划分　可以分为宣泄疗法、暗示疗法、催眠疗法、音乐疗法、生物反馈疗法、心理支持疗法等。

案例 8-1 分析　凯思所患的糖尿病属于慢性病和心身疾病，适用于心理治疗。在该案例中，护士采用了心理咨询与心理治疗相结合的方法，运用心理咨询收集患者的资料，缓和医患矛盾，减轻患者的焦虑情绪，用共情、积极关注等为中心的疗法与患者建立关系；针对患者的认知偏差，采用了认知学派的认知疗法；针对求助者对注射的恐惧，运用了行为主义学派的行为疗法。护士具体使用了宣泄、心理支持等技术。

第 2 节　心理治疗的理论基础

一　精神分析学派

图 8-1　弗洛伊德

精神分析学派是 19 世纪末，由奥地利精神科医生弗洛伊德（S.Freud，1856—1939）（图 8-1）所创立，又称心理动力学派。人类的一切个体的和社会的行为，都根源于心灵深处的某种动机，其中特别是性欲的冲动，它们以无意识的形式支配人，并且表现在人的正常和异常的行为中。精神分析学派的理论主要包括潜意识理论、人格学说、性心理学说、释梦学说、心理防御机制理论等。

（一）潜意识理论

弗洛伊德的潜意识理论认为，人的多数心理活动都是无意识发生的，都是由隐藏在内心深处的无意识动机激发的。他把人的精神活动分为潜意识、前意识和意识三个层次。

潜意识，又称无意识，是指个体无法直接感知到的那一部分心理活动，主要包括不被外部现实、道德理智所接受的各种原始冲动、本能、需要和出生后被压抑的欲望，童年时代所遭受的精神创伤和内心冲突等。前意识，介于意识与潜意识之间，指潜意识中那些能被召回到意识或容易被回忆起来的经验。意识，是能够被觉察到的心理活动，如主动或有意地感知、记忆、思考和体验活动等。

弗洛伊德认为，意识、前意识和潜意识三个层次的心理活动之间存在着剧烈的冲突。潜意识所代表的各种本能冲动、欲望和压抑的经验，总是威胁着要进入意识，但意识领域不可能接受它们。前意识便在其间起着稽查和调节的作用，去除不适当的潜意识内容，将其压抑回无意识之中，使人不会觉察或回忆起这些内容；然而，它们没有消失，当心理控制放松的时候，它们可能会涌入意识。意识活动遵循现实原则行事，只有那些合乎社会规范和道德标准的各种观念才能进入意识，意识保持个体对环境和自我状态的感知，对人的适应有重要的作用。

（二）人格结构理论

弗洛伊德将人格划分为三个相互作用的部分，即本我（id）、自我（ego）和超我（superego）。

1. 本我　是人格中最为原始、隐秘和不易把握的部分，处于潜意识的深层，是一切心理能量之源，它同外界没有直接的交流。本我代表人的本性的自然性或动物性的一面，包含生存所需的基本欲望、冲动和生命力。它遵循“快乐原则”行事，不看条件、不问时机、不计后果地寻求本能欲望的及时满足和张力释放。

2. 自我　是在本我的基础上发展起来的，代表着理性和审慎，是人格结构中负责管理和执行的机构，大部分存在于意识中，小部分是无意识的。自我负责保持人的心理活动的完整性，协调人格结构中各部分的关系及与外界环境之间的关系；一方面，自我的动力来自本我，是本我的各种本能、欲望和冲动得以实现的承担者；另一方面，它是在超我的要求下，顺应外在现实环境，采取社会所允许的方式指导个体的行为，保护个体安全。自我的发育情况及功能决定着个体心理健康的水平，它遵循“现实原则”行事。

3. 超我　是人格结构中最为道德、最具理性的部分，它是个体在长期社会生活过程中，将社会规范、道德观念等内化的结果，类似于良知、良心、理性等，大部分属于意识层面。超我的基本功能是观察和监督自我，根据自我的所作所为和思想倾向对自我进行奖励或惩罚。超我遵循“道德原则”，按照社会文化标准和道德规范行事。

弗洛伊德认为，三种人格结构之间存在着复杂的互动关系，“自我”在“本我”和“超我”中间起协调作用，使两者之间保持平衡。如果两者之间的矛盾冲突达到了“自我”无法调节的程度时，就会产生各种精神障碍和病态行为，因此弗洛伊德认为心理治疗的重要工作就是加强“自我”。

（三）心理防御机制理论

心理防御机制是自我的一种防卫功能。很多时候，自我处于如下三方面的压力或威胁之中：首先来自于本我的本能欲望要求的满足；其次来自于现实世界的社会道德规范的压力；最后来自于超我的监督。为了保护自己，自我则逐步发展形成了心理防御机制，包括压抑、否认、投射、隔离、抵消、退化、转化、合理化、补偿、幽默、升华、反向形成等形式。防御机制或多或少都包含有自欺及歪曲现实的成分。人类在正常和病态情况下都在自觉或不自觉地运用心理防御机制，运用得当可减轻痛苦，渡过心理难关，防止精神崩溃，维护心理健康。然而，心理防御机制如果运用过度，遇到什么问题都试图依赖防御机制，而不主动应对，会导致适应不良。

案例 8-1 分析　凯思的本我有维持身体健康和舒适的需求，生病使这个需求不能得到满足，所以产生抑郁、焦虑等负性情绪；凯思的超我，要求她要遵从医嘱，要接受节食、注射，这与本我的“快乐原则”抵触，需要自我来协调，而凯思的自我使用了不当的防御机制，如投射、隔离、退化等，使凯思产生了心理障碍，护士采用心理治疗的目的是使她放弃不当的防御机制，提升自我的功能。

二 行为主义学派

行为主义的发展可以被区分为早期行为主义，新行为主义和新的新行为主义。早期行为主义的代表人物以华生为首，新行为主义的主要代表人物则为斯金纳等，新的新行为主义则以班杜拉为代表。

（一）华生及其贡献

华生（J.B. Watson，1878—1958）于1913年发表了文章《行为主义者心目中的心理学》，提出了行为主义心理学的基本观点：研究的主题是行为，而不是意识；研究的方法是客观观察及测量，而不是内省；研究的目的是预测和控制行为；环境是影响行为的重要因素，对该因素加以控制可改造人的行为；在研究动物行为中得到的原理原则，可用来解释人的行为。

（二）巴甫洛夫及其经典条件反射

巴甫洛夫（I.P. Pavlov，1849—1936）是俄国生理学家和生理心理学家，他在研究消化的生理实验过程中发现了条件反射现象，创立了经典的条件反射理论。经典条件反射是指某一中性环境刺激（铃声、语言、气味等）通过反复与无条件刺激相结合的强化过程，最终成为条件反射，引起原本只有无条件刺激才能引起的行为反应（图8-2）。条件反射则是在非条件反射的基础上，经过学习而获得的习得性行为，是大脑皮质建立的暂时的神经联系。该条件反射过程不受个体随意操作和控制，属于反应性的行为。

图 8-2　巴甫洛夫的经典条件反射实验

（三）斯金纳及其操作条件反射

斯金纳（B. F. Skinner，1904—1990）是美国心理学家，是新行为主义理论的代表，操作条件反射理论是桑代克（E.L.Thorndike）和斯金纳等行为心理学家所建立的。

斯金纳通过动物实验发现，通过奖赏可增加行为或反应发生的频率、速度及强度，称之为正强化。当特定行为或反应发生时，一个令个体厌恶的刺激被撤除，导致该行为或反应增强的过程，称之为负强化。在特定反应后跟随呈现适当的刺激而减少此反应发生的频率、速度及强度的过程，称为惩罚。通过强化或负强化建立的条件反射就是操作条件反射。

（四）班杜拉及其社会观察学习理论

班杜拉（A. Bandura，1925—）是美国心理学家，是新行为主义的代表人物之一。班杜拉把依靠直接经验的学习（传统的学习理论）和依靠间接经验的学习（观察学习）综合起来说明人类的学习。观察学习是社会学习的一种主要形式，人类的大量行为都是通过观察他人的所作所为以后，进行模仿学习而学会的。学习者可以在不做出外部反应、没有强化的情况下，仅通过观看别人的行为和行为后果而学会新的行为。

（五）其他行为主义理论

在回答“为什么刺激与反应之间的关系可因人而异，相同的刺激在不同的人可导致不同的反应？”这一问题时，托尔曼（E.C.Tolman）认为，在刺激与反应之间还应该有一个变量，即机体变量，主要指个体的年龄、需要、以往的经验及对刺激的认识等，该机体变量被称为“O”，具有中介或调节的作用。他提倡用 S-O-R 代替 S-R（刺激-反应）途径。

1967 年米勒（N.E. Miller）进行了有关内脏操作条件反射实验。他采用给予食物强化的方式，对动物的某一种内脏反应行为（如血压下降）进行奖励，经过训练之后，动物逐渐学会了“操作”这种内脏行为，使其血压下降。此外，他通过实验，还使动物学会了在一定程度内“操作”心率增加或降低、血压升高或下降、肠道蠕动增强或减弱等反应。他发现人类的各种内脏活动，似乎可以通过内脏学习过程获得意识的控制；某些心身疾病症状的产生如肠蠕动增加、心搏加快、哮喘等可能与个体的意识性条件操作有关；生物反馈的原理可能与内脏学习有关。

案例 8-1 分析　凯思的生活的经验，如以前接受注射的体验，包括朋友得糖尿病导致微血管病变、视力下降、肾衰竭等症状，使她感到忧愁、恐惧，这是通过观察学习、条件反射而形成的行为。要消除这些不适应行为，要使用条件反射和观察学习的方法，护士给她的解释、安排她参加学习班、心理医生用系统脱敏消除她对注射的恐惧，都可以看作运用条件反射和观察学习矫正她的不适应行为。

三 人本主义学派

人本主义学派于20世纪50～60年代兴起于美国，主要代表人物是马斯洛（A. H. Maslow，1908—1970）和罗杰斯（C. R. Rogers，1902—1987）。人本主义心理学理论对人性持积极的看法，认为人类具有高于其他动物的潜能或品质，如自尊、友爱、创造性、追求真善美及公正，这些品质是人在社会生活中的高级需要，当人的低级需要得到满足后，这些高级需要成为支配人的动机和行为的重要力量。人与其他动物的区别在于人有自我实现的需要或内驱力。当个体自我实现的需要受阻，就可能产生心理障碍。

（一）马斯洛的需要层次理论

马斯洛认为，个体成长发展的内在动力是动机，动机由性质各异的多种需要构成，需要则构成人内心世界的核心和所有行为的根本动力。人的需要可分为5个层次，由低到高依次是生理需要、安全需要、爱与归属的需要、尊重需要和自我实现需要；当个体的某一级需要得到最低限度满足后，才会追求高一级的需要，如此逐级上升，成为推动个体继续努力的内在动力。马斯洛指出，当个体的低层次需要得不到适当的满足时，其自我实现的驱动力便会受阻。

（二）罗杰斯的自我理论

罗杰斯认为，人的所有行为都是由“实现倾向”（一种保护和提升自己的意愿）所激发的。他将探索和实现自我潜能的过程称为“自我实现”。在自我实现的驱动下，儿童在环境中进行各种尝试活动并产生出大量的经验。通过机体自动的估价过程，有些经验会使他感到满足、愉快，有些则相反。满足和愉快的经验会使儿童寻求保持、再现；不满足、不愉快的经验会使儿童尽力回避。在孩子寻求积极的经验中，有一种是受他人的关怀而产生的体验，还有一种是受到他人尊重而产生的体验，然而，儿童这种受关怀尊重需要的满足完全取决于他人，他人（包括父母）是根据儿童的行为是否符合其价值标准来决定是否给予关怀和尊重，所以说他人的关怀与尊重是有条件的，这些条件就是父母和社会的价值观，罗杰斯称这种条件为价值条件。儿童不断通过自己的行为体验到这些价值条件，会不自觉地将这些本属于父母或他人的价值观念内化，变成自我结构的一部分。渐渐地，儿童被迫放弃按自身机体估价过程去评价经验，变成用自我中内化了的社会的价值规范去评价经验，这样儿童的自我和经验之间就发生了异化，当经验与自我之间存在冲突时，个体就会预感到自我受到威胁，因而产生焦虑。预感到经验与自我不一致时，个体会运用防御机制（歪曲、否认、选择性知觉）来对经验进行加工，使之在意识水平上达到与自我相一致。

罗杰斯的以人为中心的治疗目标是将原本不属于自己的、经内化而成的自我部分去除掉，找回属于他自己的思想情感和行为模式，重新继续自我实现的进程。用罗杰斯的话说是“变回自己”“从面具后面走出来”，只有这样的人才能充分发挥个人的潜力及功能。

案例8-1分析 凯思由于患病，她的生理、安全的需要不能满足，低级的需要得不到满足，使她不能产生追求爱、尊敬和自我实现的动力，所以忧愁、愤怒，行为消极；由于没有得到积极关注（关怀和尊重），使她的消极情绪无法得到抵消和释放；医生的关注，如注射、节食等是有条件的关注，与凯思追求舒服与安全的自我产生冲突，她的防御机制无法处理这个冲突；护士采用了无条件的积极关注，使她的消极情绪得到抵消和释放，使她的需要层次提高，去掉不属于自己的、经内化而成的自我（与疾病有关的不合理的核心信念），与心理医生一起帮助她合理使用心理防御机制，从而克服了心理障碍。

四 认知学派

认知学派（cognitive theory）是 20 世纪 50 年代中期在美国兴起的一种心理学理论，20 世纪 70 年代成为西方心理学的一个主要研究方向。其代表人物是美国临床心理学家艾利斯（A. Ellis，1913—2007）和美国精神病学家贝克（A. T. Beck，1921— ）。认知理论的主要观点：与其说人的行为是对外界刺激的反应，不如说是个体对刺激的心理加工的结果，异常行为则是不良认知的产物；主张采用认知疗法，即纠正和改变不良认知来治疗来访者的心理障碍。

（一）艾利斯的 ABC 理论

ABC 理论又称为理性情绪治疗理论、合理情绪治疗理论。艾利斯认为，人天生具有非理性思考的倾向，心理问题或烦恼（C）与其说是由环境刺激（A）引起的，不如说是由人们在不合理信念（B）的基础上，对这些事件的评价所致的。A 表示与情感有关的诱发事件（activating events）；B 表示当事人对此产生的信念（beliefs），包括理性及非理性的信念；C 表示个人对诱发事件所产生的情绪与行为的反应（consequence）。A 对于个体的意义或是否引起 C 受到 B 的影响，即受到人们的认知态度及信念的影响。因为人天生具有歪曲现实的倾向，所以导致问题的不是事件本身，而是人们对事件的判断及解释，可见心理障碍的决定因素是不合理的信念。艾利斯指出，人是可以用理性战胜非理性的。合理情绪疗法的原理是治疗者采取主动指导的方式，启发来访者识别自身存在的不合理信念及其在心理障碍中的作用，鼓励来访者直面、对抗或消除不合理信念，并用合理信念取而代之，达到改变认知、情绪及行为的治疗效果。

（二）贝克的情绪障碍认知理论

贝克指出各种生活事件引起情绪和行为反应时要经过个体的认知中介。情绪和行为并非由事件直接引起，而是经由个体接受、评价及赋予该事件以某种意义才产生的。贝克认为，心理障碍通常与特殊的、歪曲的思考方式有关。贝克通过对大量患者的研究归纳出常见认知歪曲的五种形式，即任意推断、选择性概括（只注意某类证据，同时忽略其他同样有关的证据）、过度引申（由微不足道的证据推出广泛的结论）、夸大（把小事看得远比实际重要）或缩小、“全或无”思维。贝克构建了情绪障碍的认知模型，该模型包含两个层次：浅层的负性自动想法及深层的功能失调性假设或图式。贝克的认知疗法主张帮助来访者识别出消极的自动思维，训练其区分事实与信条（推测出来的东西），将信条、假设及预断作为“假说”予以严格的检验，并利用一些行为技术，如自我监测、家庭作业，以改变患者的认知，达到治疗心理障碍的目的。

案例 8-1 分析　凯思的消极情绪是她对糖尿病人的认识导致的，她认为糖尿病是治不好的，会导致严重的并发症，注射胰岛素非常痛苦，改变节食习惯是难以忍受的，这些都是不合理信念或认知歪曲。护士与心理医生帮助凯思识别消极的自动思维，使她认识到情绪行为与认知的关系，使用自我监测、与不合理信念辩驳、行为训练等方式，使她放弃了不合理信念，纠正了消极的自动思维，从而克服了心理障碍。

链接

积极心理学简介

积极心理学是20世纪末西方心理学界兴起的一股新的研究思潮。20世纪末西方心理学界兴起的一股新的研究思潮积极心理学的研究。这股思潮的创始人是美国当代著名的心理学家马丁·塞里格曼（Martin E. P. Seligman），谢尔顿（Kennon M. Sheldon）和劳拉·金（Laura King）。他们的定义道出了积极心理学的本质特点“积极心理学是致力于研究普通人的活力与美德的科学。”积极心理学主张研究人类积极的品质，充分挖掘人固有的潜在的具有建设性的力量，促进个人和社会的发展，使人类走向幸福，其矛头直指过去传统的“消极心理学”。它是利用心理学目前已比较完善和有效的实验方法与测量手段，研究人类的力量和美德等积极方面的一个心理学思潮。积极心理学的研究对象是平均水平的普通人，它要求心理学家用一种更加开放的、欣赏性的眼光去看待人类的潜能、动机和能力等。目前美国共有100余所高校开设了“积极心理学”课程。作为20世纪末首先在美国兴起的一场心理学运动，积极心理学的大力倡导者美国心理学会主席塞里格曼首先在他所在的宾夕法尼亚州立大学开设了这门课程。从今年9月开始，英国最具名气的私立贵族学校威灵顿公学（Wellington College），这个传统上在古希腊文化、橄榄球及冷水浴中寻求生活意义的精英教育机构也加入了这个行列。由Tal Ben-Shahar教授的积极心理学从去年在哈佛大学开课以来，已经成为该学校今年上座率最高的课程。选修积极心理学的哈佛大学学生，已经从最初的380人上升到现在的855人。在对心理治疗上，积极心理学的主要观点：①心理治疗不是修复受损部分，而是培育人类最好的正向力量；②对积极的力量培育与强化来取代个案。

第3节　心理治疗的主要方法

● 案例8-2

苏珊，42岁，从3岁起害怕鸟类和羽毛。她不敢穿羽绒衣，不敢到公园或野外活动，即使在商店见到有羽毛的商品也会心惊肉跳。心率测试显示，当她见到羽毛时，心率由每分钟70余次急速升到150余次，并且出现出汗、胸闷，头皮发热、发胀等躯体反应。有一次，她带4岁的女儿到海边玩，突然看见一只鸽子飞来，她不顾一切地跑回宾馆，回到宾馆才发现孩子不见了。心理治疗师用催眠术使她回忆起小时候的经历，她2岁半时，在外婆家玩，一只鸽子飞进房间，在房间乱飞，还掉了许多羽毛，使她受到惊吓。治疗师首先让她认识到她的逻辑错误，即她怕的不是羽毛而是死亡，她的焦虑指数不会一直上升，而是会冲高回落；然后，再让她逐渐从远看到近看，再到触摸、拿起羽毛，每当感到焦虑紧张时，就休息一下，做深呼吸。对于该个案，心理治疗师按照治疗协议和治疗方案做了3次治疗，每次50分钟，使她完全摆脱了对羽毛的恐惧。事后，苏珊非常感谢治疗师，邀请治疗师吃饭，治疗师谢绝了邀请并向她说明心理治疗的原则。

问题：上述案例使用了什么治疗方法？该治疗过程体现了哪些心理治疗的原则？

一　精神分析的治疗

（一）自由联想

自由联想法是让患者很舒适地躺着或坐好，把进入头脑中的一切都讲出来，不论其如何微不足道、荒诞不经、有伤大雅，也不管它是字词还是图像都要如实报告出来。然后再对患者所报告的材料加以分析和解释，直到从中找出患者无意识之中的矛盾冲突，即病的起因为止。

（二）释梦

弗洛伊德认为睡眠时自我的控制减弱，无意识中的欲望乘机向外表现，同时，因精神仍处于一定的自我防御状态，所以这些欲望必须通过化装变形才可进入意识成为梦象。因此梦是有意义的心理现象，是人愿望的间接的满足。梦是通过凝缩、置换、视象化和再修饰把原本杂乱无章的东西加工整合为梦境，这就是梦者能回忆起来的显梦。显梦的背后是隐梦，隐梦的思想梦者是不知道的，要经过精神分析家的分析和解释才能了解。要得到梦的潜隐内容，治疗者需要采用自由联想技术，要求患者对其梦中内容进行自由联想。通过联想，治疗者就可获得梦的真实意义。

（三）阻抗分析

阻抗是指患者有意识或无意识地回避某些敏感话题，有意无意地使治疗重心偏移。有意识的阻抗可能是患者怕治疗者对自己产生坏印象，或担心说错话，或对治疗者还不能信任，这种情况经治疗者说服即可消除阻抗。无意识的阻抗则表现为对治疗的抵抗，而患者自己则并不能意识也不会承认。患者通常口头上表示迫切希望早日完成治疗，但行动上对治疗却并不积极热心。对阻抗产生的原因的分析，可以帮助患者真正认清和承认阻抗，使治疗顺利进行。

（四）移情分析

在精神分析治疗过程中，患者会把对自己父母、亲人等的感情转移到治疗者身上，即把早期对别人的感情转移到了治疗者身上，把他当成自己的父母、亲人等。移情有的是正性的、友爱的，有的是负性的、敌对的。移情是患者无意识阻抗的一种特殊形式。治疗者通过移情分析可以了解到患者对其亲人或他人的情绪反应，引导他讲出痛苦的经历，揭示移情的意义，所以，移情分析是治疗的一部分。

（五）解释

解释是精神分析中最常使用的技术，它的意义是揭示症状背后的无意识动机，消除阻抗和移情的干扰，使患者对其症状的真正含义达到领悟。解释的目的是让患者正视他所回避的东西或尚未意识到的东西，使无意识之中的内容变成意识的。解释要在患者有接受的思想准备时进行。较有效的方法是在一段时间内渐渐地接近问题，从对问题的澄清逐步过渡到解释。

二 行为主义的治疗

（一）系统脱敏法

这种方法诱导来访者缓慢地暴露出导致神经症焦虑的情境，并通过心理的放松状态来对抗这种焦虑情绪，从而达到消除神经症的目的。系统脱敏法一般包括三个步骤：一是排列出焦虑的等级层次表，即找出使来访者感到焦虑的事件，并用 0～100 表示出对每一事件感到焦虑的主观程度，然后将标出的焦虑事件按等级程度由弱到强依次排列，下表是一位恐惧手术患者的主观感觉等级层次的示例（表 8-1）；二是进行放松训练，以全身肌肉能迅速进入松弛状态为合格，一般要 6～10 次练习，每次需时 30 分钟，每天 1～2 次；三是进入系统脱敏过程，进行焦虑反应与肌肉放松技术的结合训练。系统脱敏可分为想象系统脱敏和现实系统脱敏。想象系统脱敏的过程即让来访者处于全身肌肉放松状态下，由咨询者口头描述，让来访者进行想象，从最低层开始，想象 30 秒，停止想象时报告此时感到主观焦虑的等级分数，以不感到紧张害怕为止，再进入下一个层次，如此渐进直到通过最后一个层次。

表 8-1 一位手术恐惧者的主观不适等级表

排序	事件	得分
1	得知自己需要手术时	20
2	手术前几天想到手术时	30
3	与医生谈论手术注意事项时	35
4	看见同病房患者将要进行手术时	50
5	看到同病房患者手术后疼痛的情形时	70
6	看见自己的手术知情同意书时	75
7	做术前相关准备时	100

（二）满灌疗法

满灌疗法也叫暴露疗法、冲击疗法。同系统脱敏法类似之处都是鼓励来访者去接触自己最敏感的对象，在接触中实现脱敏；不同之处是开始就让来访者进入自己最恐惧或焦虑的情境之中，给他一个强烈的冲击，同时不允许其采取堵耳、闭眼、哭喊等逃避行为。其基本原理是消退抑制，即快速、充分地向来访者呈现他害怕的刺激，实际体验后他感到并不是那么害怕，恐惧感就会慢慢消除。刺激的出现要坚持到来访者对此刺激习以为常为止。采用满灌疗法应事先将治疗方式与来访者讲清楚，征得同意后方可进行。

（三）厌恶疗法

厌恶疗法是将某些不愉快的刺激通过直接作用或间接想象，与来访者需改变的行为症状联系起来，使其最终因感到厌恶而放弃这种行为。常用的厌恶性刺激有物理刺激（如电击、橡皮圈弹痛等）、化学刺激（如呕吐剂等）和想象中的厌恶性刺激（如口述某些厌恶情境，然后与想象中的刺激联系在一起）。在进行心理咨询时，厌恶性刺激应该达到足够的强度，通过刺激能使来访者产生痛苦或厌恶反应，直到不良行为消失为止。

（四）代币法

代币法又称奖励强化法，是一种通过奖励（即强化）而形成某种期望出现的适应性行为的方法，即当来访者一出现某种预期的良好表现时，立即给予奖励，使该行为得以强化。代币实际上是一种可以在某一范围内兑换为物品的券，可以是小红旗、有分值的小卡片等。咨询者用代币作为奖励，强化来访者的期待行为，然后来访者可以用获得的代币换取自己喜欢的东西。要注意将代币与来访者感兴趣并想得到的东西联系起来，并建立一定的代币兑换规则。

（五）放松疗法

一个人的情绪反应包含主观体验、生理反应、表情三部分。放松疗法的基本假设是改变生理反应，主观体验也会随着改变。也就是说，用意识控制“随意肌肉”反应，再间接地使主观体验松弛下来，建立轻松的心情状态。放松疗法种类繁多，有呼吸放松法、想象放松法、肌肉放松法等。

（六）示范法

示范法指提供特定行为的模型、范本，即榜样，进行行为示范，观察者通过对榜样的观察进行学习并进行模仿性操作，其理论依据是行为学派班杜拉的社会学习理论。示范法包括：①生活示范，即在生活现实环境中模仿示范者的言行；②象征性示范，即通过电影、录像带、图画书和游戏等进行模仿学习；③角色扮演；④参与示范，即重复医护人员示范的行为；⑤内隐示范，即通过医护人员的详细语言描述，让患者想象示范行为，对想象情景中的行为进行示范行为。

三 人本主义疗法

（一）无条件的积极关注

无条件积极关注是向患者表达治疗者发自内心深处的乐于接受患者、理解患者，同时关心和帮助患者，在任何时候，都对患者以诚相待。这样使患者能感到这个世界上有人能够真正理解、关心和帮助他，愿意把自己心灵深处的一切所想到和所感觉到的全部倾诉出来。不论患者表述的内容如何，治疗者始终对其表示关注和理解。患者逐渐学会以同样的态度对待自己，从而逐步减少对自己经验和体验的否认或歪曲，认清和肯定自己的价值观。

（二）坦诚

坦诚的一个主要成分就是表里如一，治疗者把自己置身于与治疗关系有关的情感经验之中，毫无保留、毫不伪装地表达自己的真实的思想情感和行为，表达出完整的自我。

（三）共情

治疗者能站在患者的立场，准确、敏捷地深入患者的内心世界，用患者的眼光看待他们的问题，在最深的层次上体会这些问题对患者的意义，感受患者的经验、情绪，体会他们的痛苦和不幸。

四 认知治疗技术

（一）理性情绪疗法的操作

1. 心理诊断　首先需要建立起良好的医患关系，治疗者协助患者找出情绪困扰和行为不适的具体表现（C）及其相对应的刺激事件（A），并对两者间的不合理信念（B）进行初步分析；最后与患者需要共同协商并制订治疗目标。

2. 领悟　是指通过启发引导使患者明白：①是信念而不是事件引起了情绪和行为反应；②个体应对情绪和行为问题负有责任，应该进行细致的自我审查和反省；③只有改变不合理的信念，才能减轻或消除目前存在的症状。

3. 修通　是整个理性情绪疗法的核心，指采用各种方法和技术，使患者修正或放弃原有的非理性信念并代之以合理的信念，从而使症状得到减轻或消除，它包括有一系列的技术和方法。

（1）与不合理信念辩论：治疗者借助“产婆术”与患者辩论，即引导患者先说出自己的观点，然后根据患者的观点进一步层层推理，直至最后引出谬误，从而促使患者认清其观念中不合理的地方并主动加以纠正。

（2）理性情绪想象技术：治疗者首先要让患者在想象中进入他困扰的情境并去体验在此情境的强烈情绪反应，然后帮助患者改变这种不适当的情绪反应并去体验适度的情绪反应，最后，让患者停止想象，自己讲述什么想法促使其情绪发生了变化，再强化患者新的信念和体验，以巩固他获得的新的情绪反应。

（3）认知家庭作业：可以促使患者自己与自己的非理性信念进行辩论，主要包括理性情绪自助表和自我分析报告两种形式。护士可让患者填写理性情绪自助表，在找出 A 和 C 后，再继续找出 B，将 B 与自助表中提供的十几种常见的不合理信念进行比较，找出相近的不合理信念，然后患者自己对这一不合理信念进行诘难，最后自己评估诘难的效应。

（4）其他方法：理性情绪疗法的技术还包括自我管理程序的自我强化、放松训练、系统脱敏等。

4. 再教育　此阶段主要目的是重建。在完成前几个阶段的基础之上，治疗需要督促和协助患者巩固所取得的效果，促其进一步摆脱不合理信念及思维模式，使建立起来的新观念和思维逻辑方式得以强化，重新建立情绪和行为反映模式，以减少患者以后生活中出现的不适情绪和行为。

（二）贝克的认知治疗技术

贝克的认知治疗有六个步骤：建立咨询关系、确定咨询目标、确定问题、检验表层错误观念、纠正核心错误观念、进一步改变认知和巩固新观念。1985 年提出了五种具体的认知治疗技术，简介如下。

1. 识别自动化思维　人们的认知过程中有许多的判断、推理和思维是模糊、跳跃的，很像一些自动化反应，称为自动化思维。治疗者首先要帮助患者发觉和识别这些自动化思维过程，可采用提问、指导患者自我演示和模仿等方法进行。

2. 识别认知性错误　认知性错误是患者在概念和抽象性上常犯的错误，如任意的推断、过分的概括化及“全或无”的思维等，这些错误较之自动化思维更难识别。治疗者耐心倾听并记录患者的诉说，区别不同情境和问题，要求患者从中找出共性，归纳出存在的规律。

3. 真实性验证　将患者的自动化思维和错误观念视为一种假设，然后鼓励其在严格设计的行为模式或情境中对这一假设进行验证。通过这种方法，让患者认识到原有的观念是不符合实际的，并能自觉加以改变。这是认知治疗的核心。

4. 去中心化　很多患者总感觉自己是别人关注的中心，自己的一言一行都会被别人品评，为此他们深感苦恼和无助。此时，治疗者可以要求他在行为举止上稍有变化，同时要求患者记录别人的行为反应，结果患者发现几乎没有人注意到他的言行改变，进而使患者去除自己是别人关注中心的想法。

5. 抑郁或焦虑水平的监控　很多抑郁焦虑患者认为他们的这种负面情绪会一直不变地持续下去，而不了解这些情绪是有一个开始、高峰和消退的过程。因此，治疗者需要鼓励患者对自身的抑郁焦虑情绪加以自我监控，使其充分认识到疾病发展的规律，从而增强治疗的自信心。

五 其他疗法

（一）生物反馈治疗

生物反馈是借助电子仪器将体内一般不能被人感知的生理活动变化信息，如肌电、皮肤温度、呼吸、心率和血压等加以记录，然后将其放大转换成为能被人们所理解的视听觉信号，使人们通过对这些信号的认识和体验学会一定程度上控制自身生理活动的过程。生物反馈治疗技术就是个体运用生物反馈技术控制和调节不正常的生理反应，从而达到调整机体功能和防病治病目的的心理疗法，它也是一种通过内脏学习来改变自己不恰当生理反应的认知行为疗法。

（二）音乐疗法

音乐疗法或称“心理音乐疗法”，指借助音乐通过生理和心理两个方面的途径来治疗疾病，当人们处在优美悦耳的音乐环境之中，可以改善神经系统、心血管系统、内分泌系统和消化系统的功能，促使人体分泌有利于身体健康的活性物质，可以调节体内血管的流量和神经传导。

音乐声波的频率和声压会引起心理上的反应，音乐的频率、节奏和有规律的声波振动，是一种物理能量，而适度的物理能量会引起人体组织细胞发生和谐共振现象，使颅腔、胸腔或某一个组织产生共振。这种声波引起的共振现象，会直接影响人的脑电波、心率、呼吸频率等。良性的音乐能提高大脑皮层的兴奋性，可以改善人们的情绪，激发人们的感情，振奋人们的精神，有助于消除心理、社会因素所造成的紧张、焦虑、忧郁、恐惧等不良心理状态，提高应激能力。音乐疗法的形式有单纯聆听、音乐引导想象、音乐电极疗法、音乐电针疗法、体感共振音乐和高频音乐疗法等。

（三）暗示疗法

暗示疗法指医护人员利用言语、动作或其他方式，也可以结合其他治疗方法，使被治疗者在不知不觉中受到积极暗示的影响，从而不加批判地接受某种观点、信念、态度或指令，以解除其心理上的压力和负担，实现消除疾病症状或加强某种治疗方法效果的目的。生理学家巴甫洛夫认为，暗示乃是人类最简单、最典型的条件反射。暗示的作用可以分为两个过程：一是通过语言或动作的刺激，使受暗示的人产生观念的过程；二是在这种观念的基础上引起行动的过程。暗示治疗可以利用的方法很多，包括言语性暗示和非言语性暗示、直接暗示和间接暗示、随意性暗示和命令性暗示、肯定暗示和否定暗示、催眠状态下的暗示和觉醒状态下的暗示等，而且觉醒状态下的暗示又可以进一步分为自我暗示和他人暗示。

案例 8-2 分析 治疗师对苏珊使用了精神分析中的“解释”技术。苏珊幼年时受到惊吓，这个创伤进入了潜意识，使她不能想起，但是这个经历却能使她莫名其妙地对羽毛产生惊恐反应，加重了她的焦虑情绪；治疗师用催眠术使她回忆起这段经历，并给予了合理的解释，能使她更理性地对待羽毛。治疗师还运用了认知疗法，改变她对羽毛及自身生理反应的评价，这提高了她面对羽毛的勇气；治疗师最后采用了系统脱敏的方法，使她逐步地适应了羽毛刺激。

第 4 节　心理治疗的原则

治疗关系的建立原则

（一）单向性

在治疗关系中，一方是治疗者，另一方是患者、求助者。在这种关系中所关注的是患者的问题，而不是治疗者的问题。治疗关系一旦建立，它就是单向性的，一切为了患者的利益。它不同于友谊的双向互利关系。

（二）系统性

心理治疗有着明确的目的和对象。治疗者要采取一系列有计划、明确、针对性强的措施帮助患者解决问题，增进自我理解、改善行为及更有效地适应、应对环境。

（三）正式性

治疗者的目的和职责就是给患者提供帮助。这种关系是职业化和专业化的，治疗者与患者各有责任、权利与义务。它是正式建立的关系，一切活动均不能超出这种关系约定的目标与范围，不能建立治疗关系以外的关系。

（四）时限性

治疗关系要以目标达到为终结，以后如果再有问题，还可以重新建立治疗关系。

二 心理治疗的原则

（一）真诚原则

这是心理治疗的一个前提条件。医生对患者要真诚，患者才能不断接受医生提供的各种信息，逐步建立治疗动机，无保留地吐露个人心理问题的细节，为医生的准确诊断及设计、修正治疗方案提供可靠的依据，同时医生向患者提出的各种治疗要求也能得到遵守和认真执行。

（二）保密原则

心理治疗常涉及患者的各种隐私。为保证材料的真实，保证患者得到正确及时的指导，同时也为了维护心理治疗本身的声誉及权威性，必须在心理治疗工作中坚持保密原则。医生不得将患者的具体材料公布于众，即使在学术交流中不得不详细介绍患者的材料时，也应隐去其真实姓名。

（三）中立原则

心理治疗的目的是要帮助患者自我成长，因此在心理治疗过程中，治疗者不能替患者做任何选择，不应该将自己的价值观强加求助者，也不应该轻易接受求助者的价值观。治疗者不对求助者进行评判，即不轻易夸奖、赞赏求助者，也不批评、指责求助者。

（四）回避原则

心理治疗中常要涉及个人的隐私，交谈是十分深入的。因此不宜在熟人之间做此项工作。亲人与熟人均应在治疗中回避。

三 心理治疗对治疗师的要求

（一）要有一颗帮人的心

能真诚地理解患者，做到通情达理，与患者能平等友善相处，不因任何理由歧视患者，能无条件地接纳求助者。要乐于助人，热心帮助患者。

（二）要有敏锐的观察力

心理治疗师要耐心细致，善于“察言观色”、“听话听音”、“善解人意”，这些能力的培养十分重要。

（三）要有丰富的生活经验和知识

心理治疗师应了解社会各层各界人士的生活与工作。要有较宽的知识面，不仅懂得医学、心理学还应懂得社会学、人类学等知识，这样有助于设身处地地理解患者，找到与患者的“共同语言”。

（四）要有乐观的生活态度

患者大多数由于个人的遭遇和现实压力，情绪比较消极，而治疗者如果有积极、豁达、乐观的生活态度，能够给予患者积极的影响，有助于患者摆脱负性情绪。

（五）要恪守职业道德

治疗师要有高尚的医德，尊重患者的隐私，认真负责、耐心细致地帮助患者。尤其要尊重异性患者，不能与患者建立治疗关系以外的关系，要严格遵守一切心理治疗中的道德规范。

案例 8-2 分析 在案例中，治疗师与苏珊建立了单向关系，系统地运用多种治疗方法，并且签订了治疗协议，按照方案实施治疗，体现了治疗的正式性和时限性。在治疗过程中，治疗师做到态度中立、真诚，为患者保密，得到了患者的信任和配合，所以治疗得以顺利进行；心理治疗师严谨负责，有助人之心，并且能敏锐地发现问题，知识技能扎实，能恪守职业道德，不与患者建立治疗关系以外的关系，这是心理治疗成功的保障。

第 5 节 临床心理咨询

● 案例 8-3

陈某，男，38 岁，中学老师，自诉上腹部疼痛近 3 年，常反酸及出现黑便。患者是毕业班的数学教师，为迎接高考，工作很紧张，但学生的成绩一直不令人满意，因此增加了很多时间为学生补课，经常深夜备课、批改作业，生活没有规律，加上近来与爱人的关系紧张，因而闷闷不乐，但工作时却表现出愉快、热情的态度。两年前接手高中班后不久开始感觉上腹不适及胀痛，时有反酸现象，以后出现黑便，一年前到医院就诊，诊断为十二指肠球部溃疡，进行药物治疗后效果不佳。两周前感觉到上腹疼痛加重，经常失眠、焦虑不安，害怕自己患癌症，因此再次就诊。医生并没有直接给予治疗，而是说明精神因素与消化性溃疡的关系，并安排了心理咨询。咨询师使用参与性的技术，以真诚、热情、尊重和共情的态度与患者建立了良好的咨询关系，倾听他的倾诉，鼓励他宣泄情绪，详细了解他的情况，用患者中心疗法和认知疗法帮助他建立自信，并教会他使用音乐疗法保持控制情绪。经过两次心理咨询和药物治疗，患者取得了良好的治疗效果。

问题：临床心理咨询有什么意义？如何对患者开展心理咨询？

一 临床心理咨询的意义

心理咨询是由专业人员即咨询人员运用心理学及相关知识，遵循心理学原则，通过各种技术和方法，帮助求助者解决心理问题的过程。用于临床的心理咨询称做临床心理咨询。临床心理咨询有以下意义。

（一）传播心理卫生知识

通过专栏咨询，如墙报、广播、电视、杂志等，或者通过讲座和讨论等现场咨询形式，可向患者传播普及心理健康、防治心理障碍的知识。患者也可以通过个别咨询了解有针对性的心理卫生知识，如因为患者导致的工作、学习、家庭关系、经济方面的问题的处理办法。

（二）可以作为解决心理压力的手段

患者和医护人员都可能会产生个人无法缓解的心理压力，如医患关系冲突、经济困难、疑病、患者的依从性差、家庭关系紧张、职业倦怠等，这些心理问题没有达到心理障碍的程度，不需要心理治疗师来处理，可以通过临床心理咨询解决。

（三）防治心身疾病

心身疾病是由心理-社会因素导致的，不良的生活习惯、个性、错误的认知、健康知识缺乏和不良的情绪状态导致疾病，并使疾病恶化；通过临床心理咨询使患者了解心理-社会因素与健康的关系，疏导情绪，解除认知上的困惑，以积极的态度转变不良的个性和行为习惯，有助于防治心身疾病。

案例 8-3 分析 消化性溃疡与长期的不良生活方式和焦虑情绪有关，而陈老师的生活方式和焦虑情绪来自生活、工作压力和应对能力不足。临床心理咨询使陈老师能够更重视健康，转变了对工作的态度，提高了压力管理和情绪控制的能力，使药物治疗能够取得更好的治疗效果。

二 临床心理咨询的历史

19 世纪后期，心理科学的地位已经稳定，心理学家纷纷采用科学的方法研究个体差异，而且弗洛伊德的精神分析理论也为理解心理异常提供了一种系统的理论和方法。在这种背景下，美国心理学家韦特默（L.Witmer）作为第一个临床心理学家出现了。1896 年在美国宾夕法尼亚大学，他创办了世界上第一个临床心理诊所。这一事件成为临床心理学产生的标志。1908 年，被公认为“职业指导之父”的帕森斯在波士顿创立了一家具有公共服务和培训性质的“就业辅导局”。次年，他出版了《职业选择》一书，此书为择业咨询在方法学方面提供了帮助，并成为职业咨询产生的标志。20 世纪 40 年代，出现了“心理治疗的时代”。第二次世界大战结束后，大量的退伍军人涌进高等院校。当时，入学、就业及残废军人的社会适应等方面都需要心理咨询服务。1949 年，退伍军人管理局与各大专院校合作，成立了许多社区和学校的心理咨询中心。所有这些都促进了心理咨询的发展。1953 年，美国心理学会咨询心理学分会规定了正式的心理咨询专家培养标准，并成为现在的教育训练委员会研究生院博士课程培养计划的认定标准。1955 年，美国心理学会开始正式颁发心理咨询专家执照。我国的心理咨询从 20 世纪 80 年代开始得到重视，以前所未有的速度迅猛发展，并朝向职业化的道路前进。国家劳动和社会保障部 2001 年 8 月颁发了《心理咨询师国家职业标准》，从 2001 年 8 月执行，其中规定了培训、资格考核条件等内容。

心理咨询的方式

（一）门诊心理咨询

在综合医院、精神卫生中心和卫生保健部门均可设置心理咨询门诊，接待来访者。这种形式与来访者直接见面，能进行面对面的对话，所以，咨询较深入，效果较好。

（二）信函心理咨询

多为外地要求心理咨询者，或本地要求咨询者出于暂时保密或试探心理用信函联系。通过这种形式，只能初步了解情况，对咨询者进行安抚和稳定情绪，却无法面对面深入磋商，故最终还是会来门诊咨询。

（三）电话心理咨询

多为处于急性情绪危象，濒于精神崩溃或企图自杀的人，拨专用电话向心理咨询门诊告急、诉苦和求援。在某些发达国家，这种电话心理咨询往往专业化，成为热线中心，24 小时均有人值班。接到电话呼救后，立即派出人员赶至当事人家中，处理急性情绪危象，安定情绪，制止自杀。对一些不愿面谈和怕暴露身份的人，通过电话咨询也比较方便。目前，在国内许多城市都已设立了一些热线电话为咨询者服务。

（四）专题心理咨询

针对公众关心的心理问题，在报刊、杂志、电台、电视台进行专题讨论和答疑。国内有些报刊已经开辟了心理咨询专栏，系列讨论和回答群众质疑。这种形式具有心理卫生宣传性质。

（五）互联网心理咨询

通过互联网心理咨询可以突破地域的限制，还可以凭借行之有效的软件程序进行心理问题的评估与测量，同时将心理咨询过程全程记录，以便深入分析求助者的问题及进行案例讨论等。

四 心理咨询的手段与内容

（一）心理咨询的手段

1. 宣泄　指求助者将其郁积已久的情绪烦恼与变态行为倾诉给咨询人员的过程。这是一种释放痛苦的形式，可给人以极大的精神解脱，使人感到由衷的舒畅。因此，宣泄是咨询人员了解来访者的心理不适和精神障碍的重要途径，它可增进咨询人员对求助者的理解，并得到求助者的尊重，促进形成良好的咨访关系。

2. 领悟　是指来访者在咨询人员的帮助下，全面深刻地认识其心理不适与情绪障碍的过程。它常伴有深刻的认识飞跃，使来访者得以积极地协调自我与环境的关系。改变某些偏见与消极的行为方式，减轻不良情绪对心身的危害。

3. 强化自我控制　在心理咨询中，情绪的困扰，都是自我控制力不足的表现。强化自我控制可使来访者解除某种不良情绪状态与行为方式对自我的禁锢，协调个人与环境的关系，从而获得内心的和谐。

4. 增强自信心　使求助者在摆脱情绪不良的基础上，积极面对生活上的挫折，调节自我与环境的不协调，以乐观的态度对待人生。它能使来访者重建合理的情感结构，保持良好的心境，以更有效地应付生活中的忧愁、烦恼。它还能使人不断地走向心理成熟。因此，增强自信心是心理咨询的最重要的目标。

（二）心理咨询的内容

1. 发展咨询　是指根据个体身心发展的一般规律和特点，帮助不同年龄阶段的个体尽可能圆满地完成各自的心理发展课题，妥善地解决心理矛盾，更好地认识自己和社会，开发潜能，促进个性的发展和人格的完善。

2. 健康咨询　是指针对心理不健康人群的咨询。所谓心理不健康的人群，是指因为心理社会刺激而引起了心理紧张，并且明确体验到躯体或情绪上的困扰者。因为心理社会刺激非常纷繁而复杂，在目前的社会广泛存在着。因此凡是生活、工作、学习、家庭、疾病、康复、婚姻、育儿等方面所出现的心理问题，一旦求助者体验到不适或痛苦体验，都可属于健康心理咨询的工作范围。

五 心理咨询的基本过程

心理咨询是一个过程，有四阶段，每个阶段都有不同的侧重点，各阶段互相交叉衔接，互相关联，形成一个整体。

（一）问题探索阶段

咨询人员充分利用沟通的技巧，力争取得求助者的信任，建立良好的合作关系，有目的地收集相关的信息。收集资料的内容与求助者的问题有关，也与咨询师的理论倾向有关。收集资料的内容包括下述几项。

1. 求助者的一般情况　如姓名、性别、年龄、职业、文化程度、民族、宗教信仰、婚姻状况和经济收入等。

2. 求助者面临的主要问题　包括求助者的心理、躯体方面的主要症状，想迫切解决的心理问题，近期重大生活事件，想要达到的咨询目的。

3. 求助者心理问题的背景资料　围绕求助者的主要心理问题进一步了解其有关的背景资

料，如工作环境、学习能力、生活习惯、幼年经历、个人和家庭成员的健康状况、人际关系、个性特征、兴趣特长、生活转折点和对未来的看法及性发育的情况等。

（二）分析认知阶段

该阶段的主要任务是根据所收集的资料，咨询师运用心理学的理论与技巧，对其所存在的心理问题共同进行深入的分析讨论，以帮助求助者进一步了解自己，发现自身存在的问题，弄清问题的实质，对求助者进行分析和诊断。然后，咨询师把自己对问题的了解和判断反馈给求助者，通过讨论和求助者达成共识，共同建立咨询目标，并制订出一个切实可行的、有效的咨询方案。

（三）治疗行动阶段

该阶段是心理咨询的关键阶段，主要任务是咨询师应用心理学的方法和技术帮助求助者减轻或消除心理障碍。常采用的方法有领悟、支持、解释、行为指导和改变认知等，对比较严重的心理障碍者，则采取专业化的心理治疗技术。在咨询时要避免代替求助者做选择，可以尽可能多提出一些建议和办法，与求助者共同讨论，让求助者自己选择最适合自己的解决问题的方法。

（四）结束巩固阶段

这个阶段的工作是对整个咨询过程做一个总结性的评价，咨询人员有必要将整个咨询过程做一个简洁明确的小结，帮助求助者重新回顾咨询的要点，检查咨询目标达成情况，使求助者对自己的情况有更加清楚认识，对咨询过程中所接受的有益的帮助、启示和领悟记得更加深刻，咨询结束后最好对求助者进行跟踪观察以便总结经验。

案例 8-3 分析　我国心理咨询发展历史不长，但是发展势对迅猛，在临床医学受到高度重视。本个案属于门诊咨询，从手段上看，达到了宣泄情绪，领悟到了疾病与心理、事业与健康的关系，通过转变态度增强了对环境的掌控能力，学会了控制自己的情绪，产生了对工作、生活及康复的信心。该个案按程序进行，从建立有关系到收集资料，再到原因分析和找关键点，然后有针对性地用心理治疗进行心理帮助，最后总结收获，鼓励他在以后的生活中应用，体现了心理咨询的专业性特点。

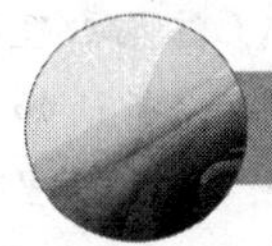

目标检测

选择题

A_1 型题

1. 在人本主义治疗中最重要的是
   A. 表达　B. 分析　C. 指导
   D. 倾听　E. 同情
2. “心理障碍大多为幼年压抑的潜意识冲突而引起的”，持这种观点的学派是
   A. 心理生理学派　B. 人本主义学派
   C. 认知行为学派　D. 行为主义学派
   E. 精神分析学派
3. 心理障碍患者躯体症状的产生是由于心理必须通过生理的中介才能产生的，持这种观点的学者是
   A. 罗杰斯　B. 坎农　C. 巴甫洛夫
   D. 华生　E. 弗洛伊德
4. 提出治疗过程要信任和依靠来访者自身的潜力，而不是依靠治疗师的指导性工作的心理学派观点是
   A. 精神分析　B. 行为主义
   C. 人本主义　D. 认知心理
   E. 折中主义
5. 给恋物癖者电击的方法属于
   A. 家庭治疗　B. 冲击疗法
   C. 厌恶疗法　D. 松弛疗法

E. 自由联想

6. 精神分析常利用的方法为

A. 梦的分析　B. 生物反馈

C. 系统脱敏　D. 厌恶治疗

E. 满灌疗法

7. 行为治疗常利用的方法为

A. 梦的分析　B. 自由联想

C. 系统脱敏　D. 空椅疗法

E. 家谱分析

8. 人本主义常利用的方法为

A. 梦的分析　B. 生物反馈

C. 系统脱敏　D. 真诚、同感

E. 满灌疗法

9. 精神分析的人格结构理论为

A. 本我、自我、他我

B. 本我、自我、超我

C. 本能、现实、理想

D. 真诚、同感、尊重

E. 自我、超我、他我

10. 行为主义学派的创始人是

A. 弗洛伊德　B. 华生

C. 荣格　D. 罗杰斯

E. 坎农

A_2型题

11. 女性，55岁。10年来主要因丈夫有外遇，夫妻感情不佳，总想离婚，但又总舍不得孩子，又怕丢面子，来到心理咨询门诊，想问心理咨询师，离婚还是不离婚好？此时心理咨询师最应注意采用的原则是

A. 回避原则　B. 中立原则

C. 耐心原则　D. 综合原则

E. 灵活原则

12. 某学生参加高考前数月产生严重焦虑，来到咨询室后，该学生讲述了其内心的恐惧与担心，治疗师仅认真地倾听，不做指令性指导，这种心理疗法的理论属于

A. 精神分析理论　B. 认知理论

C. 人本主义理论　D. 心理生理理论

E. 行为理论

13. 患者，13岁，在生活中养成不良的抽烟习惯，父母非常恼火，心理医生建议其采取的较有效的行为治疗是

A. 条件刺激和非条件刺激相结合

B. 环境因素和操作动作相结合

C. 厌恶刺激与不良行为相结合

D. 通过对不良行为的认识来矫正

E. 用转变注意力的方法来矫正

14. 患者，女，19岁，大学一年级新生。从山区来到城市上学，自述不能见马路上的汽车，当汽车经过时，总感觉汽车很可能撞上自己，因此十分恐惧，来心理门诊就诊。采用的方法最好是

A. 自由联想　B. 厌恶治疗

C. 生物反馈　D. 系统脱敏

E. 梦的分析

15. 患者，男，19岁，无业青年。父亲是生意人，该青年5年来一直在购买收藏女性的高跟鞋而感到满足，而且晚上要抱着高跟鞋睡觉，在心理咨询门诊诊断为恋物癖，对此类患者的治疗方法最好选择

A. 人本主义　B. 厌恶治疗

C. 自由联想　D. 系统脱敏

E. 梦的分析

B_1型题

（16～18题共用备选答案）

A. 信函心理咨询　B. 发展咨询

C. 分析认知阶段　D. 强化自我控制

E. 专题心理咨询

16. 在报刊、杂志上讨论和解答公众关注的心理问题，这是

17. 请求咨询师为自己的职业发展提供指导，这是

18. 心理咨询的手段是

（刘大川）

参考文献

陈礼翠，江群. 2015. 医学心理学. 北京：科学出版社
陈新，严由伟. 2001. 心理咨询与心理治疗.南京：南京师范大学出版社
冯志颖. 2007. 不良心理对患者求医行为的影响. 开卷有益(求医问药)，2007（10）：18-19
龚维义，刘新民. 2004. 发展心理学. 北京：北京科学技术出版社
侯再金. 2014. 医学心理学. 3 版. 北京：人民卫生出版社
胡长梅. 2007. 常见慢性病社区综合防治管理手册（脑卒中管理分册）. 北京：人民卫生出版社
姜乾金. 2006. 医学心理学——临床心理问题指南. 北京：人民卫生出版社
井西学，曲海英. 2009. 医学心理学学习指导. 北京：科学出版社
李天心. 1998. 医学心理学. 北京：北京医科大学、北京协和医科大学联合出版社
李心天，岳文浩. 2009. 医学心理学. 2 版. 北京: 人民军医出版社
刘大川. 2015. 医学心理与伦理学基础. 北京：人民卫生出版社
刘大川，陶凤燕. 2017. 护理心理学. 北京：科学技术文献出版社
刘新民，朱金富，玄英哲，等. 2009. 医学心理学. 3 版. 北京：人民军医出版社
吕秋云. 2007. 综合医院心理问题案例集. 北京：北京大学医学出版社
马存根. 2013. 医学心理学与精神病学. 3 版. 北京：人民卫生出版社
马明信，孙靖中. 2016. 国家医师资格考试医学综合指导用书. 北京：人民卫生出版社
石林. 2001. 健康心理学. 北京：北京师范大学出版社
孙萍，肖曙辉. 2014. 医学心理学. 2 版. 武汉：华中科技大学出版社
汤雅婷，陈劲松. 2016. 医学心理学. 2 版. 北京：科学出版社
王娟，陈端颖. 2017. 医学心理学. 北京：科学出版社
医学教育网. 2017. 临床执业医师笔试通关掌中宝. 北京：人民卫生出版社
苑杰. 2013. 医学心理学. 北京：清华大学出版社
张贵平. 2011. 护理心理学案例版. 北京：科学出版社
张进辅. 2002. 现代青年心理学. 重庆：重庆出版社
张理义. 2009. 临床心理学. 北京：人民军医出版社
张培信. 2002. 心身疾病与心身治疗. 济南：山东科学出版社
张永红. 2006. 培育孩子好心智——儿童心理健康培养教育. 北京：人民军医出版社
周郁秋. 2010. 心理学基础. 北京：高等教育出版社
James L. Levenson. 2010. 心身医学. 吕秋云译. 北京：北京大学医学出版社
May M，McCarron P，Stansfeld S，et al. 2002. Does psychological distress predict the risk of ischemic stroke and transient ischemic attack? The Caerphilly Study. Stroke，33（1）：7-12

附录　常用的心理测验量表（问卷）

附录一　艾森克人格问卷（EPQ）

编号________　姓名________　性别________　年龄________　测验日期________

指导语：本问卷共有 88 个问题，请根据自己的实际情况做“是”或“否”的回答，请在“是”的题号前画“√”。这些问题要求你按自己的实际情况回答，不要去猜测怎样才是正确的回答。因为这里不存在正确或错误的回答，也没有捉弄人的问题，将问题的意思看懂了就快点回答，不要花很多时间去想。每个问题都要问答。问卷无时间限制，但不要拖延太长，也不要未看懂问题便回答。

1. 你是否有许多不同的业余爱好？

○A. 是　　○B. 否

2. 你是否在做任何事情以前都要停下来仔细思考？

○A. 是　　○B. 否

3. 你的心境是否常有起伏？

○A. 是　　○B. 否

4. 你曾有过明知是别人的功劳而你去接受奖励的事吗？

○A. 是　　○B. 否

5. 你是否健谈？

○A. 是　　○B. 否

6. 欠债会使你不安吗？

○A. 是　　○B. 否

7. 你曾无缘无故觉得“真是难受”吗？

○A. 是　　○B. 否

8. 你曾贪图过份外之物吗？

○A. 是　　○B. 否

9. 你是否在晚上小心翼翼地关好门窗？

○A. 是　　○B. 否

10. 你是否比较活跃？

○A. 是　　　　　○B. 否

11. 你在见到一位小孩或一只动物受折磨时是否会感到非常难过？

○A. 是　　　　　○B. 否

12. 你是否常为自己不该做而做了的事，不该说而说了的话而紧张吗？

○A. 是　　　　　○B. 否

13. 你喜欢跳降落伞吗？

○A. 是　　　　　○B. 否

14. 通常你能在热闹联欢会中尽情地玩吗？

○A. 是　　　　　○B. 否

15. 你容易激动吗？

○A. 是　　　　　○B. 否

16. 你曾经将自己的过错推给别人吗？

○A. 是　　　　　○B. 否

17. 你喜欢会见陌生人吗？

○A. 是　　　　　○B. 否

18. 你是否相信保险制度是一种好办法？

○A. 是　　　　　○B. 否

19. 你是一个容易伤感情的人吗？

○A. 是　　　　　○B. 否

20. 你所有的习惯都是好的吗？

○A. 是　　　　　○B. 否

21. 在社交场合你是否总不愿露头角？

○A. 是　　　　　○B. 否

22. 你会服用奇异或危险作用的药物吗？

○A. 是　　　　　○B. 否

23. 你常有“厌倦”之感吗？

○A. 是　　　　　○B. 否

24. 你曾拿过别人的东西吗（哪怕一针一线）？

○A. 是　　　　　○B. 否

25. 你是否常爱外出？

○A. 是　　　　　○B. 否

26. 你是否从伤害你所宠爱的人而感到乐趣？

○A. 是　　　　　○B. 否

27. 你常为有罪恶之感所苦恼吗？

○A. 是　　　　　○B. 否

28. 你在谈论中是否有时不懂装懂？

○A. 是　　　　　○B. 否

29. 你是否宁愿去看书而不愿去多见人？

○A. 是　　　　　○B. 否

30. 你有要伤害你的仇人吗？

○A. 是　　○B. 否

31. 你觉得自己是一个神经过敏的人吗？

○A. 是　　○B. 否

32. 对人有所失礼时你是否经常要表示歉意？

○A. 是　　○B. 否

33. 你有许多朋友吗？

○A. 是　　○B. 否

34. 你是否喜爱讲些有时确能伤害人的笑话？

○A. 是　　○B. 否

35. 你是一个多忧多虑的人吗？

○A. 是　　○B. 否

36. 你在童年是否按照吩咐要做什么便做什么，毫无怨言？

○A. 是　　○B. 否

37. 你认为你是一个乐天派吗？

○A. 是　　○B. 否

38. 你很讲究礼貌和整洁吗？

○A. 是　　○B. 否

39. 你是否总在担心会发生可怕的事情？

○A. 是　　○B. 否

40. 你曾损坏或遗失过别人的东西吗？

○A. 是　　○B. 否

41. 交新朋友时一般是你采取主动吗？

○A. 是　　○B. 否

42. 当别人向你诉苦时，你是否容易理解他们的苦衷？

○A. 是　　○B. 否

43. 你认为自己很紧张，如同“拉紧的弦”一样吗？

○A. 是　　○B. 否

44. 在没有废纸篓时，你是否将废纸扔在地板上？

○A. 是　　○B. 否

45. 当你与别人在一起时，你是否言语很少？

○A. 是　　○B. 否

46. 你是否认为结婚制度是过时了，应该废止？

○A. 是　　○B. 否

47. 你是否有时感到自己可怜？

○A. 是　　○B. 否

48. 你是否有时有点自夸？

○A. 是　　○B. 否

49. 你是否很容易将一个沉寂的集会搞得活跃起来？

○A. 是　　　　　　○B. 否

50. 你是否讨厌那种小心翼翼地开车的人？

○A. 是　　　　　　○B. 否

51. 你为你的健康担忧吗？

○A. 是　　　　　　○B. 否

52. 你曾说过什么人的坏话吗？

○A. 是　　　　　　○B. 否

53. 你是否喜欢对朋友讲笑话和有趣的故事？

○A. 是　　　　　　○B. 否

54. 你小时候曾对父母粗暴无礼吗？

○A. 是　　　　　　○B. 否

55. 你是否喜欢与人混在一起？

○A. 是　　　　　　○B. 否

56. 你如知道自己工作有错误，这会使你感到难过吗？

○A. 是　　　　　　○B. 否

57. 你患失眠吗？

○A. 是　　　　　　○B. 否

58. 你吃饭前必定洗手吗？

○A. 是　　　　　　○B. 否

59. 你常无缘无故感到无精打采和倦怠吗？

○A. 是　　　　　　○B. 否

60. 和别人玩游戏时，你有过欺骗行为吗？

○A. 是　　　　　　○B. 否

61. 你是否喜欢从事一些动作迅速的工作？

○A. 是　　　　　　○B. 否

62. 你的母亲是一位善良的妇人吗？

○A. 是　　　　　　○B. 否

63. 你是否常常觉得人生非常无味？

○A. 是　　　　　　○B. 否

64. 你曾利用过某人为自己取得好处吗？

○A. 是　　　　　　○B. 否

65. 你是否常常参加许多活动，超过你的时间所允许？

○A. 是　　　　　　○B. 否

66. 是否有几个人总在躲避你？

○A. 是　　　　　　○B. 否

67. 你是否为你的容貌而非常烦恼？

○A. 是　　　　　　○B. 否

68. 你是否觉得人们为了未来有保障而办理储蓄和保险所花的时间太多？

○A. 是　　　　　　○B. 否

69. 你曾有过不如死了为好的愿望吗？

○A. 是　　　　○B. 否

70. 如果有把握永远不会被别人发现，你会逃脱吗？

○A. 是　　　　○B. 否

71. 你能使一个集会顺利进行吗？

○A. 是　　　　○B. 否

72. 你能克制自己不对人无礼吗？

○A. 是　　　　○B. 否

73. 遇到一次难堪的经历后，你是否在一段很长的时间内还感到难受？

○A. 是　　　　○B. 否

74. 你患有“神经过敏”吗？

○A. 是　　　　○B. 否

75. 你曾经故意说些什么来伤害别人的感情吗？

○A. 是　　　　○B. 否

76. 你与别人的友谊是否容易破裂，虽然不是你的过错？

○A. 是　　　　○B. 否

77. 你常感到孤单吗？

○A. 是　　　　○B. 否

78. 当别人寻你的差错，找你工作中的缺点时，你是否容易在精神上受挫伤？

○A. 是　　　　○B. 否

79. 你赴约会或上班曾迟到过吗？

○A. 是　　　　○B. 否

80. 你喜欢忙忙碌碌地过日子吗？

○A. 是　　　　○B. 否

81. 你愿意别人怕你吗？

○A. 是　　　　○B. 否

82. 你是否觉得有时浑身是劲，而有时又是懒洋洋的吗？

○A. 是　　　　○B. 否

83. 你有时把今天应做的事拖到明天去做吗？

○A. 是　　　　○B. 否

84. 别人认为你是生机勃勃的人吗？

○A. 是　　　　○B. 否

85. 别人是否对你说了许多谎话？

○A. 是　　　　○B. 否

86. 你是否容易对某些事物冒火？

○A. 是　　　　○B. 否

87. 当你犯了错误时，你是否常常愿意承认它？

○A. 是　　　　○B. 否

88. 你会为一只动物落入圈套被捉拿而感到很难过吗？

○A. 是　　　　○B. 否

附录二　症状自评量表（SCL-90）

编号_______　姓名_______　性别_______　年龄_______　测验日期_______

指导语：以下表格中列出了有些人可能有的症状和问题，请仔细阅读每一条，然后根据最近一星期或现在下述情况与您的实际情况相符合的程度，选择一个适当的数字在每个问题后标明答案。其中，“没有”选 1；“很轻”选 2；“中等”选 3；“偏重”选 4；“严重”选 5。

题目	选择
1. 头痛	1-2-3-4-5
2. 神经过敏，心中不踏实	1-2-3-4-5
3. 头脑中有不必要的想法或字句盘旋	1-2-3-4-5
4. 头昏或昏倒	1-2-3-4-5
5. 对异性的兴趣减退	1-2-3-4-5
6. 对旁人责备求全	1-2-3-4-5
7. 感到别人能控制您的思想	1-2-3-4-5
8. 责怪别人制造麻烦	1-2-3-4-5
9. 健忘	1-2-3-4-5
10. 担心自己的衣饰不整齐及仪态的不端正	1-2-3-4-5
11. 容易烦恼和激动	1-2-3-4-5
12. 胸痛	1-2-3-4-5
13. 害怕空旷的场所或街道	1-2-3-4-5
14. 感到自己的精力下降，活动减慢	1-2-3-4-5
15. 想结束自己的生命	1-2-3-4-5
16. 听到旁人听不到的声音	1-2-3-4-5
17. 发抖	1-2-3-4-5
18. 感到大多数人都不可信任	1-2-3-4-5
19. 胃口不好	1-2-3-4-5
20. 容易哭泣	1-2-3-4-5
21. 同异性相处时感到害羞不自在	1-2-3-4-5
22. 感到受骗，中了圈套或有人想抓住您	1-2-3-4-5
23. 无缘无故地突然感到害怕	1-2-3-4-5
24. 自己不能控制地大发脾气	1-2-3-4-5
25. 怕单独出门	1-2-3-4-5
26. 经常责怪自己	1-2-3-4-5
27. 腰痛	1-2-3-4-5
28. 感到难以完成任务	1-2-3-4-5
29. 感到孤独	1-2-3-4-5
30. 感到苦闷	1-2-3-4-5
31. 过分担忧	1-2-3-4-5
32. 对事物不感兴趣	1-2-3-4-5
33. 感到害怕	1-2-3-4-5
34. 您的感情容易受到伤害	1-2-3-4-5

续表

题目	选择
35. 旁人能知道您的私下想法	1-2-3-4-5
36. 感到别人不理解您、不同情您	1-2-3-4-5
37. 感到人们对您不友好，不喜欢您	1-2-3-4-5
38. 做事必须做得很慢以保证做得正确	1-2-3-4-5
39. 心跳得很厉害	1-2-3-4-5
40. 恶心或胃部不舒服	1-2-3-4-5
41. 感到比不上他人	1-2-3-4-5
42. 肌肉酸痛	1-2-3-4-5
43. 感到有人在监视您、谈论您	1-2-3-4-5
44. 难以入睡	1-2-3-4-5
45. 做事必须反复检查	1-2-3-4-5
46. 难以做出决定	1-2-3-4-5
47. 怕乘电车、公共汽车、地铁或火车	1-2-3-4-5
48. 呼吸有困难	1-2-3-4-5
49. 一阵阵发冷或发热	1-2-3-4-5
50. 因为感到害怕而避开某些东西、场合或活动	1-2-3-4-5
51. 脑子变空了	1-2-3-4-5
52. 身体发麻或刺痛	1-2-3-4-5
53. 喉咙有梗塞感	1-2-3-4-5
54. 感到前途没有希望	1-2-3-4-5
55. 不能集中注意	1-2-3-4-5
56. 感到身体的某一部分软弱无力	1-2-3-4-5
57. 感到紧张或容易紧张	1-2-3-4-5
58. 感到手或脚发重	1-2-3-4-5
59. 想到死亡的事	1-2-3-4-5
60. 吃得太多	1-2-3-4-5
61. 当别人看着您或谈论您时感到不自在	1-2-3-4-5
62. 有一些不属于您自己的想法	1-2-3-4-5
63. 有想打人或伤害他人的冲动	1-2-3-4-5
64. 醒得太早	1-2-3-4-5
65. 必须反复洗手、点数目或触摸某些东西	1-2-3-4-5
66. 睡得不稳不深	1-2-3-4-5
67. 有想摔坏或破坏东西的冲动	1-2-3-4-5
68. 有一些别人没有的想法或念头	1-2-3-4-5
69. 感到对别人神经过敏	1-2-3-4-5
70. 在商店或电影院等人多的地方感到不自在	1-2-3-4-5
71. 感到任何事情都很困难	1-2-3-4-5
72. 一阵阵恐惧或惊恐	1-2-3-4-5
73. 感到在公共场合吃东西很不舒服	1-2-3-4-5
74. 经常与人争论	1-2-3-4-5
75. 单独一个人时神经很紧张	1-2-3-4-5
76. 别人对您的成绩没有做出恰当的评价	1-2-3-4-5

续表

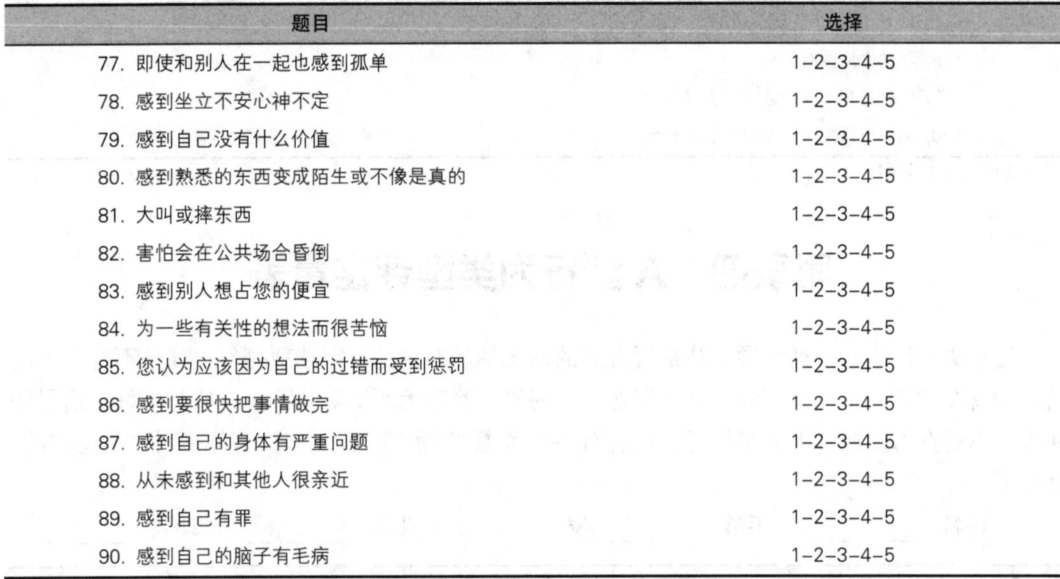

题目	选择
77. 即使和别人在一起也感到孤单	1-2-3-4-5
78. 感到坐立不安心神不定	1-2-3-4-5
79. 感到自己没有什么价值	1-2-3-4-5
80. 感到熟悉的东西变成陌生或不像是真的	1-2-3-4-5
81. 大叫或摔东西	1-2-3-4-5
82. 害怕会在公共场合昏倒	1-2-3-4-5
83. 感到别人想占您的便宜	1-2-3-4-5
84. 为一些有关性的想法而很苦恼	1-2-3-4-5
85. 您认为应该因为自己的过错而受到惩罚	1-2-3-4-5
86. 感到要很快把事情做完	1-2-3-4-5
87. 感到自己的身体有严重问题	1-2-3-4-5
88. 从未感到和其他人很亲近	1-2-3-4-5
89. 感到自己有罪	1-2-3-4-5
90. 感到自己的脑子有毛病	1-2-3-4-5

附录三　抑郁自评量表（SDS）

编号________　姓名________　性别________　年龄________　测验日期________

指导语：以下表格中列出了有些人可能会有的问题，请仔细阅读每一条，然后根据最近一星期或现在下述情况与您的实际情况相符合的程度，选择一个适当的数字在每个问题后标明答案。其中，“从无或偶尔有”选 1，“很少有”选 2，“经常有”选 3，“总是如此”选 4。

题目	选择
1. 我感到情绪沮丧、郁闷	1-2-3-4
*2. 我感到早晨心情最好	1-2-3-4
3. 我要哭或想哭	1-2-3-4
4. 我夜间睡眠不好	1-2-3-4
*5. 我吃饭像平时一样多	1-2-3-4
*6. 我的性功能正常	1-2-3-4
7. 我感到体重减轻	1-2-3-4
8. 我为便秘烦恼	1-2-3-4
9. 我的心跳比平时快	1-2-3-4
10. 我无故感到疲劳	1-2-3-4
*11. 我的头脑像往常一样清楚	1-2-3-4
*12. 我做事像平时一样不感到困难	1-2-3-4
13. 我坐卧不安，难以保持平静	1-2-3-4
*14. 我对未来感到有希望	1-2-3-4
15. 我比平时更容易激怒	1-2-3-4
*16. 我觉得决定什么事很容易	1-2-3-4
*17. 我感到自己是有用的和不可缺少的人	1-2-3-4

续表

题目	选择
*18. 我的生活很有意义	1-2-3-4
19. 假若我死了别人会过得更好	1-2-3-4
*20. 我仍旧喜爱自己平时喜爱的东西	1-2-3-4

*表示反向计分项目

附录四　A型行为类型评定量表

指导语：请回答下列问题。凡是符合您的情况的就在“是”字选项打勾；凡是不符合您的情况的就在“否”字选项打勾，每个问题必须回答。答案无所谓对与不对，好与不好。请尽快回答，不要在每道题目上太多思考。回答时不要考虑“应该怎样”，只回答你平时“是怎样的”就行了。

姓名：________　年龄：________岁　性别：________　诊断：________

项目	是	否
1. 我常常力图说服别人同意我的观点		
2. 即使没有什么要紧事，我走路也很快		
3. 我经常感到应该做的事情很多，有压力		
4. 即使决定了的事别人也容易使我改变主意		
5. 我常常因为一些事大发脾气或和人争吵		
6. 遇到买东西排长队时，我宁愿不买		
7. 有些工作我根本安排不下，只是临时挤时间去做		
8. 我上班或约会时，从来不迟到		
9. 当我正在做事，谁要是打扰我，不管有意无意，我都非常恼火		
10. 我总看不惯那些慢条斯理、不紧不慢的人		
11. 有时我简直忙得透不过气来，因为该做的事太多了		
12. 即使跟别人合作，我也是总想单独完成一些更重要的部分		
13. 有时我真想骂人		
14. 我做事喜欢慢慢来，而且总是思前想后		
15. 排队买东西，要是有人插队，我就忍不住指责他或出来干涉		
16. 我觉得自己是一个无忧无虑、逍遥自在的人		
17. 有时连我自己都觉得，我所操心的事远远超过我应该操心的范围		
18. 无论做什么事，即使比别人差，我也无所谓		
19. 我总不能像有些人那样，做事不紧不慢		
20. 我从来没想过要按照自己的想法办事		
21. 每天的事都使我的神经高度紧张		
22. 在公园里赏花、观鱼等，我总是先看完，等着同来的人		
23. 对别人的缺点和毛病，我常常不能宽容		
24. 在我所认识的人里，个个我都喜欢		
25. 听到别人发表不正确见解，我总想立即纠正他		
26. 无论做什么事，我都比别人快一些		
27. 当别人对我无礼时，我会立即以牙还牙		

续表

项目	是	否
28. 我觉得我有能力把一切事情办好		
29. 聊天时，我也总是急于说出自己的想法，甚至打断别人的话		
30. 人们认为我是一个相当安静、沉着的人		
31. 我觉得世界上值得我信任的人实在不多		
32. 对未来我有许多想法，并总想一下子都能实现		
33. 有时我也会说人家的闲话		
34. 尽管时间很宽裕，我吃饭也快		
35. 听人讲话或报告时我常替讲话人着急，我想还不如我来讲哩		
36. 即使有人冤枉了我，我也能够忍受		
37. 我有时会把今天该做的事拖到明天去做		
38. 人们认为我是一个干脆、利落、高效率的人		
39. 有人对我或我的工作吹毛求疵时，很容易挫伤我的积极性		
40. 我常常感到时间晚了，可一看表还早呢		
41. 我觉得我是一个非常敏感的人		
42. 我做事总是匆匆忙忙的，力图用最少的时间办尽量多的事情		
43. 如果患有错误，我每次全都愿意承认		
44. 坐公共汽车时，我总觉得司机开车太慢		
45. 无论做什么事，即使看着别人做不好我也不想拿来替他做		
46. 我常常为工作没做完，一天又过去而忧虑		
47. 很多事如果由我来负责，情况比现在好得多		
48. 有时我会想到一些坏得说不出口的事		
49. 即使受工作能力和水平很差的人所领导，我也无所谓		
50. 必须等待什么的时候，我总是心急如焚，像“热锅上的蚂蚁”		
51. 当事情不顺利时我就想放弃，因为我觉得自己能力不够		
52. 假如我可以不买票白看电影，而且不会被发现，我可能会这样做		
53. 别人托我办的事，只要答应了，我从不拖延		
54. 人们认为我做事很有耐性，干什么都不会着急		
55. 约会或乘车、船，我从不迟到，如果对方耽误了，我就恼火		
56. 我每天看电影，不然心里就不舒服		
57. 许多事本来可以大家分担，可我喜欢一人去干		
58. 我觉得别人多我的话理解太慢，甚至理解不了我意思似的		
59. 人家说我是个厉害的暴性子的人		
60. 我常常比较容易看到别人的缺点而不容易看到别人的优点		
汇总		

（刘大川）

《医学心理学》教学基本要求

一 课程性质和课程任务

随着生物-心理-社会医学模式的确定，医学心理学在临床中的应用不断得以发展。这就对医学生提出更高要求——不仅懂生物学知识，而且要掌握心理社会学知识。医学心理学是心理学与医学相结合而形成的一门交叉学科，是医学与人文社会科学相结合的边缘学科。它将心理学的理论、方法和技术应用于医学实践，研究解决医学领域中有关健康和疾病的心理行为问题，阐述心理社会因素在健康与疾病过程中的作用，为人们提供更为全面的医学观、疾病观和健康观。学习医学心理学对于提高医学生自身的心理素质，更好地了解临床上患者的心理状态，处理好医患关系有着重要作用，同时对于转变传统的医学观念，适应医学发展的需要有着十分重要的意义。

二 课程教学目标

（一）职业素养目标

1. 适应医学模式的转变，建立对人的整体观，具有新的健康、疾病观和现代医学观。
2. 具有敏锐的观察与思维能力，严谨务实的科学态度。
3. 在学习过程形成良好的心理素质和健全的人格。
4. 关爱尊重患者，善于与患者沟通，具有严谨细心的工作作风、团队精神与合作能力。
5. 适应医学心理学的发展，具有探究精神、创新意识和终身学习的观念。

（二）专业知识和技能

1. 认识心理因素与疾病、健康的关系，建立对疾病与健康的整体观。
2. 理解心理社会因素在疾病发生、发展、预防、诊断、治疗中的重要性。
3. 掌握心理学的基本概念、基本理论、基本知识，能用心理学分析患者的心理。
4. 掌握心理沟通、心理测验、心理治疗等基本技能，应用心理学的方法处理临床患者的心理与行为问题。

三 教学内容和要求

教学内容	教学要求			教学活动参考
	了解	熟悉	掌握	
一、绪论				理论讲授 案例分析 网络多媒体
（一）医学心理学概述	√			
（二）医学心理学的任务与观点			√	
（三）医学心理学的研究方法与发展简史	√			
二、心理学基础				理论讲授 案例讨论 实验：人格测量 网络多媒体
（一）心理学概述		√		
（二）认知过程		√		
（三）情绪过程			√	
（四）意志过程	√			
（五）需要与动机			√	
（六）人格		√		
三、心理卫生				理论讲授 情境设计 案例分析 网络多媒体
（一）心理卫生概述	√			
（二）心理健康的研究与标准		√		
（三）不同年龄阶段的心理卫生		√		
四、心理应激与心身疾病				理论讲授 案例讨论 网络多媒体
（一）心理应激与应对			√	
（二）心身疾病			√	
（三）心理社会因素与心身疾病		√		
五、医患关系				理论讲授 角色扮演 案例分析 网络多媒体
（一）医患关系概述	√			
（二）医患交往的两种形式和两种水平			√	
（三）医患交往问题与沟通技巧		√		
（四）医患关系模式			√	
六、患者的心理问题				理论讲授 情境设计 案例讨论 录像 网络多媒体
（一）患者角色和求医行为			√	
（二）患者的一般心理问题		√		
（三）不同年龄患者的心理特点		√		
（四）特殊患者的心理问题			√	
（五）心理护理的概念、原则与程序	√			
七、心理评估				理论讲授 实验：常用心理评估量表的使用 网络多媒体
（一）心理评估概述	√			
（二）心理测验的分类		√		

续表

教学内容	教学要求			教学活动参考
	了解	熟悉	掌握	
（三）应用心理测验的一般原则			√	
八、心理治疗				理论讲授 案例讨论 实训：放松训练 网络多媒体
（一）心理治疗概述	√			
（二）心理治疗的理论基础			√	
（三）心理治疗的主要方法			√	
（四）心理治疗的原则		√		
（五）临床心理咨询	√			

四 学时分配建议（28学时）

教学内容	学时数		
	理论	实践	小计
一、绪论	2	0	2
二、心理学基础	4	2	6
三、心理卫生	2	0	2
四、心理应激与心身疾病	2	0	2
五、医患关系	2	0	2
六、患者的心理问题	4	0	4
七、心理评估	2	2	4
八、心理治疗	4	2	6
合计	22	6	28

五 教学基本要求的说明

考核与评价

考核形式：实验报告、参与课堂教学情况、期末闭卷考试。

评价方式：形成性评价和终结性评价相结合。

评分标准：期末考试占60%，形成性评价占40%（主要考察学生课堂的学习状态和效果，具体包括出勤、课堂答问、讨论、实验报告质量等方面）。

目标检测选择题参考答案

第 1 章

1. D　2. D　3. D　4. B　5. A　6. A　7. B　8. C　9. A

第 2 章

1. A　2. C　3. C　4. B　5. A　6. D　7. C　8. C　9. D　10. E　11. C　12. D　13. D
14. B　15. C　16. B　17. C　18. A

第 3 章

1. C　2. C　3. D　4. C　5. A　6. D　7. B　8. E　9. E　10. C　11. C　12. E　13. A　14. E

第 4 章

1. B　2. B　3. B　4. E　5. B　6. D　7. D　8. C　9. E　10. D　11. B　12. E　13. A
14. A　15. D　16. B　17. B　18. D　19. A　20. B　21. D　22. A　23. B　24. C　25. D

第 5 章

1. B　2. C　3. C　4. A　5. A　6. A　7. D　8. B　9. D

第 6 章

1. A　2. A　3. A　4. A　5. C　6. E　7. B　8. E　9. C　10. B　11. E　12. B

第 7 章

1. E　2. C　3. C　4. D　5. C　6. A　7. A　8. B　9. B　10. A　11. D

第 8 章

1. D　2. E　3. B　4. C　5. C　6. A　7. C　8. D　9. B　10. B　11. B　12. C　13. C
14. D　15. B　16. E　17. B　18. D